AF197733

Hans Peter Richter

Damals war es Friedrich

Bearbeitet von:
Angelika Lundquist-Mog

Ernst Klett Sprachen
Stuttgart

Wie ist dieses Buch aufgebaut?

Jeweils am Seitenende werden mit Zahlen markierte Wörter erklärt. Zusätzlich gibt es zu jedem Kapitel Übungen zum Leseverstehen ab Seite 94 und dazu Lösungen ab Seite 111. Die Übungen sind mit diesem Symbol gekennzeichnet: Übungen

1974 dtv Verlagsgesellschaft mbH & Co. KG, München
Erstmals 1961 erschienen
© 1980 Leonore Richter-Stiehl, Mainz

1. Auflage   4 | 2025

Textbearbeitung und Didaktisierung: Angelika Lundquist-Mog
Redaktion: Carina Janas, Wortwelt wunderbunt
Reihenkonzept: Sebastian Weber
Layoutkonzeption: Sabine Kaufmann
Satz: Satzkasten, Stuttgart
Umschlaggestaltung: Sabine Kaufmann
Umschlagkonzept: Balk & Brumshagen, dtv Verlagsgesellschaft mbH & Co. KG, München
Umschlagbild: Bernhard Förth unter Verwendung eines Fotos von Jan Roeder
Druck und Bindung: Plump Druck & Medien GmbH, Rheinbreitbach

Printed in Germany
ISBN 978-3-12-674108-8

Damals waren es die Juden …
Heute sind es dort die Schwarzen,
hier die Studenten …
Morgen werden es vielleicht die Weißen,
die Christen oder die Beamten sein …

Inhalt

Einleitung 6

Text 1: Vorgeschichte (1925) 8

Text 2: Reibekuchen (1929) 9

Text 3: Schnee (1929) 11

Text 4: Großvater (1930) 13

Text 5: Freitagabend (1930) 15

Text 6: Schulanfang (1931) 17

Text 7: Schulweg (1933) 20

Text 8: Die Schlaufe (1933) 23

Text 9: Der Ball (1933) 27

Text 10: Treppengespräch (1933) 30

Text 11: Herr Schneider (1933) 31

Text 12: Die Verhandlung (1933) 33

Text 13: Im Kaufhaus (1933) 37

Text 14: Der Lehrer (1934) 39

Text 15: Die Reinemachefrau (1935) 42

Text 16: Gründe (1936) 44

Text 17: Im Schwimmbad (1938) 47

Text 18: Das Fest (1938) 50

Text 19: Begegnung (1938) 54

Text 20: Der Pogrom (1938) 56

Text 21: Der Tod (1938) 59

Text 22: Lampen (1939) 62

Text 23: Der Film (1940) 64

Text 24: Bänke (1940) 67

Text 25: Der Rabbi (1941) 70

Text 26: Sterne (1941) 73

Text 27: Salomon 75

Text 28: Besuch (1941) 77

Text 29: Fledderer (1941) 78

Text 30: Das Bild (1942) 79

Text 31: Im Keller (1942) 81

Text 32: Ende (1942) 83

Erklärungen zum Text 85

Zeittafel 90

Präteritumformen 93

Übungen zum Leseverstehen 94

Lösungen 111

Einleitung

Der Roman *Damals war es Friedrich* von *Hans Peter Richter* erscheint im Jahr 1961. Er gehört zu den ersten und meistgelesenen Jugendbüchern, die sich mit der Verfolgung der Juden im nationalsozialistischen Deutschland beschäftigen.

Eine Besonderheit des Buches ist, dass es auch eine genauere Vorstellung von der gelebten jüdischen Religion gibt.

Die Geschichte handelt von zwei Freunden: dem jüdischen Jungen Friedrich Schneider und dem nicht-jüdischen Erzähler der Geschichte. Beide werden 1925 geboren, wohnen mit ihren Eltern im selben Haus und gehen in dieselbe Klasse. Die Jungen haben eine schöne Kindheit, bis Adolf Hitler 1933 Reichskanzler wird und die Zeit der Judenverfolgung beginnt. Das freundschaftliche Verhältnis der beiden verändert sich. Der Erzähler wird allmählich durch das nationalsozialistische Denken geformt, während Friedrich und seine Eltern zunehmend unter der Verfolgung der Nazis leiden müssen. Die Geschichte endet 1942 im Zweiten Weltkrieg.

Erzählt wird nicht nur eine Geschichte, sondern auch die Geschichte dieser Zeit. Im Anhang des Buches dokumentiert eine Zeittafel die vielen Gesetze der nationalsozialistischen Judenverfolgung.

Richter zeigt, warum in diesem totalitären System auch Menschen, die keine Nazis waren, nicht gegen die Judenverfolgung protestierten. Das Motto des Buches ist: »Damals waren es die Juden. Heute sind es dort die Schwarzen, hier die Studenten ...« Obwohl die Geschichte kaum wertend erzählt wird, kann man *Richters* Intention erkennen. Er will seine jugendlichen Leserinnen und Leser vor Rassismus und Antisemitismus warnen. Das macht das Buch gerade heute wieder aktuell und lesenswert.

Das Buch erhielt viele Preise und Auszeichnungen, stand in der Auswahlliste zum Deutschen Jugendliteraturpreis und wurde in 13 Sprachen übersetzt.

Der Autor *Dr. rer. pol. Hans Peter Richter wurde* 1925 in Köln geboren, studierte Soziologie und Psychologie in Köln, Bonn, Mainz und Tübingen. Er war Professor für Wissenschaftsmethoden und Soziologie an der Fachhochschule Darmstadt. *Richter* schrieb mehrere Bücher für Erwachsene, Jugendliche und Kinder. 1993 starb *Hans Peter Richter* in Mainz.

Zu diesem Leseheft

Diese sprachlich vereinfachte und bearbeitete Ausgabe auf dem Sprachniveau B1 richtet sich vor allem an Leserinnen und Leser, deren Muttersprache nicht Deutsch ist. Sprachlich vereinfacht bedeutet: Diese Ausgabe gibt den Text nicht Wort für Wort wieder. Trotzdem bleibt sie so nah am Text wie möglich und versucht den Erzählstil von *Hans Peter Richter* zu erhalten.

Grundlage für den hier ausgewählten Text ist die Ausgabe des Deutschen Taschenbuch Verlags – dtv junior.

Wie ist dieses Leseheft aufgebaut?

Jeweils am Seitenende werden die im Text mit Ziffern markierten Wörter erklärt. Zu den grau markierten Begriffen gibt es auf den Seiten 85–89 weitere Erklärungen. Diese, sowie die ausführliche Zeittafel (S. 90–92), stammen vom Autor selbst, wurden jedoch für diese Ausgabe bearbeitet und ergänzt.

Im Text gibt es viele Präteritumformen. Die unregelmäßigen Formen befinden sich alphabetisch geordnet auf Seite 93. Diese Seite kann kopiert und an den Linien gefaltet werden, so dass sie als Lesezeichen dient.

 ## Übungen

Zu jedem der 32 Texte gibt es ein bis zwei Übungen zum Leseverstehen ab Seite 94 und dazu Lösungen ab Seite 111. Die unterschiedlichen Übungsformen ermöglichen den Leserinnen und Lesern eine selbstständige Kontrolle des Textverstehens.

Text 1: Vorgeschichte (1925)

Jemand nannte ihn Polykarp. Und so hieß er, solange er im kleinen
Garten vor unserem Haus auf dem Rasen stand. Er trug eine grüne
Hose, eine rote Jacke und eine blaue Zipfelmütze[1]. Wenn das Gras
zu hoch war, schnitt es die Frau des Hausbesitzers ganz kurz,
sodass Polykarp die Blumen wieder sehen konnte.
Herr Resch, den Hausbesitzer, sah man nur an Feiertagen bei
schönem Wetter. Seine Frau brachte ihm einen Stuhl und er setzte
sich eine Stunde lang neben Polykarp, seinen Gartenzwerg[2].
Herr Resch war nicht nur Hausbesitzer. Mit den Jahren erhielt er
eine höhere Position und nun ließ er andere für sich arbeiten. Er
selbst leitete jetzt seine Geschäfte vom Telefon aus. Endlich hatte er
Macht[3] – und er ließ es jeden spüren: seine Angestellten und seine
Hausbewohner.
Meine Eltern wohnten im ersten Stock. Vater war arbeitslos und
wollte schon die Wohnung bei Herrn Resch gegen eine kleinere
tauschen, aber dann kam ich.
Im Jahr 1925 hatten die meisten Deutschen wegen der Geldentwertung[4] kein Geld mehr. Not und Arbeitslosigkeit nahmen
überall zu.
So machten sich meine Eltern noch mehr Sorgen, als ich zur Welt
kam: Auch ich wollte essen und brauchte Kleidung.
Genau eine Woche nach meinem Geburtstag wurde Friedrich
Schneider geboren. Schneiders wohnten im gleichen Haus, eine
Treppe höher. Herr Schneider war Beamter bei der Post. Er und
seine Frau grüßten immer freundlich, aber man sprach nur selten
miteinander. Erst nachdem Friedrich und ich geboren wurden,
lernten sich unsere Eltern besser kennen.

 Übungen

1 **die Zipfelmütze:** Kleidung für den Kopf aus Stoff und sehr spitz
2 **der Gartenzwerg:** kleine, bunte Figur; sieht aus wie ein kleiner Mensch; steht im Garten
3 **die Macht:** Einfluss auf andere Menschen haben, sodass sie machen, was man will
4 **die Geldentwertung:** Inflation; das Geld ist nicht mehr so viel wert wie davor; siehe S. 85

8

Text 2: Reibekuchen[1] (1929)

Mutter und ich saßen noch beim Frühstück, als Frau Schneider
klingelte. Sie hatte einen Termin und fragte, ob Friedrich in der
Zeit bei uns bleiben durfte.
»Bringen Sie ihn nur«, sagte meine Mutter, »dann können die
beiden miteinander spielen.«
Eine halbe Stunde später stand Friedrich in der Tür. Wir kannten
uns. Wir hatten schon miteinander gestritten. Aber er war noch nie
bei uns gewesen, obwohl er schon vier Jahre über uns lebte.
Ich stellte mich vor das Zimmer, in dem mein Spielzeug lag. Meine
Mutter schimpfte, aber ich blieb vor der Tür stehen und sah Friedrich böse an: Ich wollte mein Spielzeug nicht mit ihm teilen.
Friedrich setzte sich vor die Tür. Aus der Hosentasche zog er
eine Kuckucksflöte[2] und blies[3] einmal »Kuckuck«. Er nahm sie
wieder aus dem Mund und lachte mich an. Er wiederholte das
Spiel. Jedes Mal wenn Friedrich sein »Kuckuck« blies, ging ich
einen Schritt näher zu ihm hin, bis ich ganz nah vor ihm stand.
Er gab mir seine Kuckucksflöte. Stumm und dumm sah ich Friedrich an. Dann verstand ich und schob Friedrich durch die Tür zu
meinem Spielzeug. »Du darfst damit spielen«, sagte ich. Ich setzte
mich neben mein Bett und blies immer wieder »Kuckuck«. Friedrich versuchte aus meinen Holzklötzen[4] einen Turm zu bauen. Der
Turm fiel immer wieder um. Anfangs lachte er laut darüber. Dann
wurde er ärgerlich und warf schließlich selber alles um. Er suchte
sich ein anderes Spielzeug.
Inzwischen hatte ich keine Lust mehr auf das »Kuckuck«-Rufen.
Ich holte die Eisenbahn. Friedrich gab mir die Schienen[5] und ich
setzte sie zusammen. Dann stellten wir die Wagen auf. Der Zug
fuhr los.

---

1 **der Reibekuchen:** klein gemachte Kartoffeln mit Ei als Küchlein in der Pfanne braten
2 **die Kuckucksflöte:** Musikinstrument, das wie der Vogel »Kuckuck« klingt
3 **blasen (blies):** mit dem Mund Luft in ein Instrument stoßen, sodass man Musik hört
4 **die Holzklötze** (Sg. der Holzklotz): Spielzeug aus dicken, glatten Holzstücken
5 **die Schienen** (Sg. die Schiene): Züge fahren auf Schienen aus Metall

Zuletzt wollten wir gar nichts mehr spielen. Da kam Mutter herein. Sie forderte uns auf, mit ihr Reibekuchen zu backen. Reibekuchen gab es bei uns nur zu besonderen Gelegenheiten. Ich drückte die Kartoffeln in die Reibemaschine und Friedrich drehte. Mutter schnitt die Zwiebeln und wir gaben Mehl und Salz dazu. Wir waren ganz stolz auf unsere Leistung! Mutter setzte die Pfanne mit Öl auf den Herd und backte die Reibekuchen. Es roch gut. Den ersten Reibekuchen erhielt Friedrich. »Heiß!«, sagte Mutter. Friedrich warf den Reibekuchen von einer Hand in die andere. Ich nahm ihm den Reibekuchen weg. Friedrich riss[1] ihn mir aus der Hand. Wir kämpften. Mutter schimpfte. Der Reibekuchen lag am Boden. Dann einigten wir uns. Friedrich biss an der einen Seite, ich an der anderen. So aßen wir schließlich alle Reibekuchen. Es war ein Fest! Am Ende saßen wir müde und satt an der Wand.

Mutter sah uns genau an. »Ihr müsst in die Badewanne!«, sagte sie. Wir schrien vor Freude. Wir spritzten[2] mit dem Wasser und lachten in der Badewanne. Erst als von unten jemand gegen die Decke klopfte, beruhigten wir uns.

Diese Gelegenheit nutzte Mutter, um uns richtig sauber zu waschen. Während ich noch in der Wanne saß, trocknete sie Friedrich ab und sagte lachend: »Na, Fritzchen! Du siehst aus wie ein *kleiner Jude*[3]!«

 Übungen

---

1 **reißen** (riss): kräftig ziehen
2 **spritzen:** Flüssigkeit verteilt sich in kleinen Tropfen im Raum
3 **der Jude:** Angehörige der jüdischen Religion, des Judentums, siehe auch S. 85

Text 3: Schnee (1929)

»Mutter«, sagte ich, »es schneit so schön. Ich möchte hinaus!«
Mutter antwortete aus der Küche. »Das glaube ich dir. Aber erst
kommt die Arbeit, mein Junge, dann gehen wir in den Schnee.«
Im Garten sah man nur ein Stück von Polykarps Zipfelmütze im   5
Schnee. Der Weg von der Haustür bis zum Gartentörchen war
noch unberührt[1]. Da schaufelte[2] Frau Resch schon den Weg frei.
Den Schnee warf sie auf die Rosenpflanzen. So entstand ein langer
Hügel, der von der Haustür bis zum Gartentor reichte. Danach
ging sie wieder in ihre Wohnung.   10
Die Haustür schlug zu. Friedrich sprang mit beiden Füßen in den
Schnee. Dann versuchte er, den Schnee mit dem Mund zu fangen.
»Mutter«, fragte ich, »Friedrich spielt schon im Schnee. Dauert es
noch lange?«
Mutter sagte: »Du musst warten lernen. Hab ein wenig Geduld.«   15
Ganz leise schloss Frau Schneider die Haustür. Sie ging von hinten
auf Friedrich zu und warf ihm Schnee über den Kopf. Friedrich
schrie, schüttelte sich und versteckte den Kopf unter ihrem Mantel.
Frau Schneider drückte Friedrich lachend an sich. Dann tanzte sie
mit ihm im Schnee herum.   20
»Mutter«, rief ich, »Frau Schneider ist bei Friedrich!«
Mutter sagte: »Ich beeile mich schon!«
Dann schlitterten[3] Frau Schneider und Friedrich über die Fahr-
bahn. Man sah, welche Freude es ihnen machte. »Mutter, Schnei-
ders schlittern. Komm doch!«, bat ich.   25
Mutter antwortete: »Ich spüle erst zu Ende.«
Friedrich und Frau Schneider machten jetzt eine Schneeball-
schlacht[4]. Die Schneebälle flogen hin und her. Friedrich und seine
Mutter sahen fröhlich und glücklich aus.
»Mutter«, sagte ich traurig, »ich möchte so gern raus.«   30

---

1 **unberührt:** noch niemand ist dort gewesen / gelaufen
2 **freischaufeln:** mit einer Schaufel / einem Schneeschieber den Schnee entfernen
3 **schlittern:** sich schnell über eine glatte Schneefläche bewegen
4 **die Schneeballschlacht:** ein Kampf mit Bällen aus Schnee, die man wirft

Mutter beruhigte mich: »Gleich bin ich fertig, dann gehen wir.«
Friedrich und seine Mutter rollten[1] beide einen Schneeball mit der Hand durch den Schnee bis zum Gehsteig. Die Bälle wurden schnell dicker. Frau Schneider hob Friedrichs Ball auf ihren.

5 »Mutter«, schrie ich, »sie bauen einen Schneemann!«
Mutter beruhigte mich: »Wir ziehen uns an, und dann? – Hinein in den Schnee!«

Friedrich machte einen Kopf für den Schneemann. Frau Schneider nahm aus der Mülltonne verbrannte Kohlenstücke[2],
10 Kartoffelschalen[3] und eine kaputte Flasche. Dann setzte sie dem Schneemann den Kopf auf. Der Flaschenhals war die Nase, die Kohlenstücke die Augen und die Kartoffelschalen lustige Ohren.
Meine Mutter war fertig. Wir schauten auf die Straße. »Ein schöner Schneemann! Ihm fehlt nur noch der Hut«, meinte sie.

15 Frau Schneider dachte das wohl auch und kam ins Haus.
Friedrich arbeitete noch ein bisschen am Schneemann. Dann schaute er zur Haustür und ging zu seiner Mutter. Da sah er im Garten den Schneehügel neben dem Weg. Er stieg hinauf, sank in den Schnee und stampfte[4] lächelnd zum Haus.

20 Wir hörten, wie unten ein Fenster aufging. Herr Resch schrie: »Gehst du wohl weg von meinen Rosen, du Judenbengel[5]!«
Meine Mutter ging einen Schritt zurück. »Komm«, sagte sie, »komm weg vom Fenster!«

 Übungen

---

1 **rollen:** etwas um sich selbst drehen lassen; Bälle rollen (über den Boden)
2 **die Kohlenstücke** (Sg. das Kohlenstück): festes, schwarz-braunes Material aus der Erde; man kann damit heizen
3 **die Kartoffelschalen** (Sg. die Kartoffelschale): braun-gelbe Haut der Kartoffel; entfernt man vor dem Kochen / Essen
4 **stampfen:** sich mit schweren, großen Schritten weiterbewegen
5 **der Bengel:** frecher Junge; Judenbengel: Schimpfwort gegen Juden

Text 4: Großvater (1930)

Mein Großvater, Mutters Vater, arbeitete bei der Eisenbahn. Manchmal besuchte er uns. Jedes Mal schrieb er vorher eine Postkarte[1]. Sobald Großvater seinen Besuch ankündigte, begann Mutter aufgeregt die Wohnung in Ordnung zu bringen. Sie putzte Staub, wo keiner lag und nahm das letzte Geld, um für Großvater Kaffee zu kaufen.

Meine Hände machte sie mit einer Bürste sauber, bis sie mir wehtaten. Die Haare klebte sie mir mit Wasser an. So wartete ich auf Großvater im Sonntagsanzug.

Es klingelte. Schnell machte ich die Tür auf. Mit einer tiefen Verbeugung[2] begrüßte ich ihn: »Guten Tag, lieber Großvater! Herzlich willkommen bei uns!«

Großvater ging an mir vorbei, schaute in alle Zimmer und erst im Wohnzimmer durften wir ihm die Hand geben. Ich musste ihm meine Hände zeigen. Sie waren sauber. Dann wollte Großvater sehen, ob meine Schuhe gut geputzt waren. Wir kannten seine komischen Gewohnheiten, deshalb fand er nichts zu kritisieren.

Danach setzte sich Großvater immer auf den gleichen Platz am Wohnzimmertisch. Er saß ganz gerade. Vater setzte sich ihm gegenüber. Mutter blieb hinter Großvaters Stuhl stehen, um alle seine Wünsche zu hören.

Ich saß in der Ecke, die Hände auf den Knien. Sobald ich mich bewegte, legte Mutter ihren Finger auf die Lippen, um mich ans Schweigen zu erinnern.

Großvater machte Vater wie immer Vorwürfe, sich nicht genügend um Arbeit zu bemühen. Vater hörte sich das an und ließ den Kopf hängen, denn er wusste, wie das Gespräch endete. Am Schluss sagte Großvater immer: »Wärst du zur Bahn gegangen wie ich, dann hättest du deine Familie nicht in solche Not gebracht!« Vater widersprach nicht.

---

1 **die Postkarte:** eine Karte ohne Briefumschlag, die man mit der Post schicken kann
2 **die Verbeugung:** den oberen Teil des Körpers nach vorne bewegen; Form des Respekts

»Aber der Junge«, sagte Großvater, »der kommt zur Bahn. Dafür sorge ich. Der Junge soll eine sichere Zukunft und eine gute Pension haben!«

Vater stimmte Großvater in allem zu, denn er half uns. Solange wir nur Vaters Arbeitslosenunterstützung hatten, schickte Großvater uns jeden Monat Geld. Ohne diesen Betrag hätten wir noch öfter gehungert[1].

Plötzlich donnerte es oben so stark, dass sich die Lampe bewegte.

»Das war Friedrich!«, sagte ich, ohne nachzudenken.

Großvater schaute mich streng an. Dann fragte er Vater: »Wer ist Friedrich?«

Sofort erklärte Vater: »Über uns wohnt eine jüdische Familie. Der Junge heißt Friedrich. Die beiden sind gleich alt und Freunde.«

Großvater räusperte[2] sich: »Eine jüdische Familie?«

»Ja«, sagte Vater, »nette Leute.«

Großvater schwieg. Dann begann er: »Ich hatte einmal einen Chef. Das war ein Jude. Niemand bei uns mochte ihn. Er lächelte immer. Wer einen Fehler machte, den bat er mit einer falschen Freundlichkeit in sein Arbeitszimmer. Dort erklärte er immer sehr klar und nett, was man alles falsch gemacht hatte, wie bei einem kleinen Schulbuben. Einmal im Sommer habe ich gesehen, dass er unter seinem Hemd ein Gebetstuch mit Fransen[3] trug. Nicht einmal im Zimmer setzte er den Hut ab. Ich mag mich gar nicht gern an diesen Mann erinnern.«

Vater und Mutter sagten nichts dazu.

Großvater schaute uns an. Dann sagte er: »Wir sind Christen[4]. Denkt daran: Die Juden haben unseren Jesus ans Kreuz geschlagen.«

Da sagte Vater dazwischen: »Aber doch nicht Schneiders!«

Mutter wurde ganz blass.

---

1 **hungern:** muss man, wenn man lange Zeit nicht genug zu essen hat
2 **sich räuspern:** kurzes, nervöses Geräusch, was man macht, wenn etwas im Hals stört
3 **das Gebetstuch mit Fransen:** ein Tuch, das Juden tragen, wenn sie ein Gebet sprechen, d.h. Gott danken oder ihn um etwas bitten; siehe auch S. 85
4 **die Christen** (Sg. der Christ / die Christin): glauben an Jesus Christus als Sohn Gottes

Großvater stand von seinem Stuhl auf. Er befahl[1]: »Ich wünsche nicht, dass der Junge Kontakt hat mit diesem Judenbuben!« Großvater setzte sich wieder. Vater und Mutter schauten erschreckt. Es war still, furchtbar still im Wohnzimmer.

Es klingelte. Mutter lief zur Tür. Draußen hörte ich Friedrichs Stimme: »… darf er bitte zu uns heraufkommen?«
Mutter flüsterte[2]: »… geht nicht … Großvater ist da.«
Sie schloss die Tür und kam in das Wohnzimmer zurück.
»Wer war das?«, fragte der Großvater streng.
»Ein Kind aus der Nachbarschaft«, antwortete Mutter. »Möchtest du noch eine Tasse Kaffee?«

 Übungen

Text 5: Freitagabend (1930)

Meine Mutter wusch für fremde Leute. Aber niemand durfte das wissen, weil es ihr peinlich war. Vater war auf Stellensuche und ich spielte mit Friedrich in Schneiders Wohnung.
»Was ist das für ein Röhrchen[3] da oben an der Tür?«, fragte ich.
»Das ist unsere Mesusah«, sagte Frau Schneider. »Das hilft uns, nie Gott und seine Gebote[4] zu vergessen.«
Sie nahm mich bei der Hand. Als wir das Zimmer verließen, legte sie die Finger der rechten Hand kurz auf die Mesusah und küsste danach ihre Finger.
»Schau ein wenig auf die Straße«, bat sie mich, »Friedrich muss sich noch umziehen, gleich kommt sein Vater.«
Ich war allein im Wohnzimmer. Meine Mutter machte erst am Samstag die Wohnung sauber, Friedrichs Mutter hatte schon alles sauber gemacht. Das konnte man sehen.

---

1 **befehlen** (befahl): streng den Auftrag geben, etwas zu tun
2 **flüstern:** sehr leise sprechen
3 **das Röhrchen:** klein, lang und rund; innen kann man etwas hineintun; siehe auch S. 86
4 **die Gebote** (Sg. das Gebot): ein religiöses Gesetz, dass ein bestimmtes Handeln befiehlt

Friedrich kam herein. Er trug ein weißes Hemd und seinen besten Anzug. Frau Schneider brachte uns zwei Stühle ans Fenster, schweigend schauten wir hinaus.

Es wurde dunkel. In manchen Wohnungen brannte schon Licht und draußen gingen die Gaslaternen[1] an. Nur wenige Menschen waren auf der Straße. Es war so still.

Auch in Schneiders Wohnzimmer war es feierlich ruhig. Frau Schneider legte eine weiße Decke über den Tisch und stellte zwei Leuchter[2] mit Kerzen darauf. Aus der Küche holte sie zwei kleine, selbst gebackene Brote und legte sie zwischen die Leuchter und den Platz von Herrn Schneider.

»Was ist los bei euch?«, fragte ich Friedrich flüsternd.

»Sabbat!«, antwortete Friedrich ebenso leise.

Der Himmel war rot und die Sonne war fast verschwunden.

Frau Schneider zog ihre Schürze[3] aus, nahm einen großen silbernen Becher[4] aus dem Schrank und stellte ihn an Herrn Schneiders Platz. Daneben legte sie ein Gebetbuch. Sie machte die Kerzen an, drehte sich zur Wand und redete dabei leise.

Kurz danach kam Herr Schneider. Er trug einen dunklen Anzug und auf seinem Kopf lag ein Käppchen[5]. Herr Schneider legte Friedrich eine Hand auf den Kopf und sprach einen Segen[6]. Dann öffnete er das Buch auf dem Tisch und las seiner Frau etwas in hebräischer[7] Sprache vor.

Ich schaute in das Kerzenlicht. Ich verstand nichts von dem, was ich gerade erlebte. Herr Schneider nahm den Becher und goss ihn voll Wein. Mit beiden Händen hielt er ihn und sprach ein Gebet. Dann tranken wir alle aus dem Becher.

Herr Schneider verließ das Zimmer und wusch seine Hände.

---

1 **die Gaslaternen** (Sg. die Gaslaterne): Straßenbeleuchtung, die mit Gas funktioniert
2 **die Leuchter** (Sg. der Leuchter): ein Kerzenhalter, in den man eine oder mehrere Kerzen stellt, um sie abzubrennen
3 **die Schürze:** trägt man über der Kleidung, zum Schutz gegen Schmutz
4 **der silberne Becher:** große Tasse, aber mit einem Griff; aus einem wertvollen Metall
5 **das Käppchen:** jüdische Männer tragen beim Gebet eine Kippa hinten auf dem Kopf
6 **der Segen:** Gebetsworte, mit denen man einen Teil der Kraft Gottes erhält
7 **hebräisch:** die offizielle Sprache in Israel

Als er zurückkam, sprach er einen Segen, schnitt ein Brot in Stücke und gab jedem ein kleines Stück. Wir aßen es schweigend.
Unten in unserer Wohnung hörten wir, dass meine Mutter heimgekommen war. Ich verabschiedete und bedankte mich.
Im Bett hörte ich noch, wie Schneiders leise und traurig miteinander sangen.

 Übungen

Text 6: Schulanfang (1931)

Friedrich und ich durften in einer Bank sitzen. Unser Lehrer erzählte uns eine Geschichte. Danach sangen wir ein Lied und damit war unser erster Unterricht zu Ende.
Vor dem Schultor warteten unsere Eltern. Vater war sowieso arbeitslos und Herr Schneider hatte sich Urlaub genommen.
Friedrich und ich bekamen eine große spitze Schultüte[1], Friedrich eine rote, ich eine blaue. Friedrich öffnete seine Tüte und gab mir etwas Süßes. Eine Tafel Schokolade brach er in mehrere Teile, um allen davon abzugeben.
Ich wollte meine Tüte öffnen, aber Mutter schüttelte den Kopf. Sie sagte, dass ich bis zu Hause warten soll. Ich verstand das nicht, aber ich machte, was sie sagte.
Herr Schneider fragte laut: »Und, wohin gehen wir nun?« Friedrich rief begeistert: »Auf den Rummelplatz[2]!«
Vater sah Mutter ängstlich an. Mutter sagte zu Herrn Schneider: »Wirklich schade, dass wir nicht mitkommen können. Aber ich habe zu Hause noch so viel Arbeit liegen.«
Ich bettelte[3]: »Mutter, ich möchte aber so gerne auf den Rummelplatz!«

---

1 **die Schultüte:** große, spitze Tüte aus dickem Papier; darin ist etwas Süßes; Kinder in Deutschland, Österreich, der Schweiz bekommen sie zum ersten Schultag geschenkt
2 **der Rummelplatz:** ein Vergnügungspark mit Karussells und Verkaufsständen
3 **betteln:** sehr intensiv um etwas bitten

Vater legte mir die Hand auf den Kopf: »Wir können nicht, Junge.
Denk an Mutter.«
Herr Schneider fasste meine Mutter am Arm und Frau Schneider
hakte[1] sich bei Vater ein. »Keine Widerrede[2]!«, erklärte Herr
Schneider. »Am ersten Schultag gehen wir zum Rummelplatz!«
Vater und Mutter sahen nicht begeistert aus. Doch sie kamen mit.
Friedrich steckte mir drei Stückchen Schokolade in den Mund,
dann hakten auch wir beide uns ein und liefen den Eltern voraus.
Auf dem Rummelplatz führten die Väter uns an der Hand.
Vater hatte nur sehr wenig Geld. Er bat Mutter, ihm fünf Mark[3]
zu leihen. Aber sie hatte nur zwei Mark vom Haushaltsgeld dabei.
Die gab sie Vater heimlich. Vater sah unglücklich aus. Es tat mir
schon leid, dass ich nach dem Rummelplatz verlangt hatte. Familie
Schneider lief voraus, wir liefen hinterher.
Beim Pferdekarussell[4] schauten wir zu, wie es sich drehte. Plötzlich
drückte Friedrich mir eine Fahrkarte in die Hand. Wir kletterten
auf die Pferde. Es war wunderschön, immer im Kreis zu reiten. Wir
durften ein zweites Mal reiten. Dann fuhren sogar unsere Eltern
noch eine Runde auf dem Karussell mit.
Danach kaufte Frau Schneider für jeden von uns Zuckerwatte[5].
Vater rechnete, ob sein Geld reichte, um allen etwas zu kaufen.
Herr Schneider kaufte jedem eine lange Wurst. Vater und Mutter
aßen solche Würste gerne, aber sie konnten ihre Wurst nicht
genießen, weil sie sich Sorgen machten.
Auf einmal war Vater verschwunden. Als er wiederkam, brachte
er sechs Lakritzstangen[6] mit. Frau Schneider freute sich als wäre
es das schönste Geschenk. Alle aßen ihre Lakritzstange. Vater war
erleichtert.

---

1 **einhaken:** sich mit dem eigenen Arm im Arm einer anderen Person einhängen
2 **keine Widerrede:** eine andere Meinung wird nicht akzeptiert
3 **die Mark:** Währung; 1924–1948 die Reichsmark, 1948–2001 die Deutsche Mark (DM)
4 **das Pferdekarussell:** dreht sich im Kreis; auf Pferden aus Holz kann man mitfahren
5 **die Zuckerwatte:** ein weicher Zuckerball aus heißem, flüssigem Zucker, der schnell auf ein dünnes Holz gedreht wird
6 **die Lakritzstange:** etwas meist schwarzes Süßes aus dem Saft einer Pflanze (Süßholz), in einer langen dünnen Form (Stange)

Wir Kinder durften noch Feuerwehrkarussell fahren. Dann ging Herr Schneider mit meiner Mutter und mein Vater mit Frau Schneider auf die Schiffschaukel[1].

Friedrich und ich waren müde.

»Für heute genug«, sagte Herr Schneider und lief in Richtung Ausgang.

Am Ende des Rummelplatzes sah Vater endlich die richtige Bude[2].

»Erinnerungsfotos, Postkarte 1 Mark, zwei Postkarten 1,50 Mark« stand dort.

Vater forderte den Budenbesitzer auf: »Machen Sie ein Bild von uns! Wir nehmen zwei Postkarten.«

Der Budenbesitzer verbeugte sich. »Treten Sie bitte ein!«, sagte er. Auf die Wand in der Bude war eine Gebirgslandschaft gemalt. Davor stand ein Holzpferd.

»Nehmen Sie bitte Platz!«, sagte der Budenbesitzer.

»Wo?«, fragte Vater.

»Auf dem Pferd«, sagte der Mann.

»Aber da gehen doch höchstens zwei drauf!«, meinte Vater.

»Augenblick«, sagte der Mann. Er fasste das Pferd beim Schwanz[3] und zog kräftig daran. Da wurde das Holzpferd länger und länger. Als Herr Schneider das sah, musste er lachen. So hatte ich ihn noch nie lachen hören.

Mein Vater stieg auf das lange Pferd und setzte sich stolz in die Mitte. Der Budenbesitzer half den Frauen und dann uns Kindern auf das Pferd. Als Herr Schneider hinaufkletterte, wäre er fast auf der anderen Seite wieder heruntergefallen, weil er so sehr über das lange Pferd lachte. Alle lachten, nur Vater lächelte würdevoll[4].

Der Budenbesitzer machte ein Foto von uns. Während wir auf die Fotos warteten, zog Herr Schneider das Pferd am Schwanz. Und siehe da! Es wurde noch länger. Als wir das Tier in seiner ganzen Länge sahen, musste auch Vater laut lachen.

---

1 **die Schiffschaukel:** man bewegt mit dem Körper ein an Ketten hängendes Schiff; es fliegt durch die Luft nach vorne und hinten

2 **die Bude:** kleines Haus, z. B. auf dem Markt

3 **der Schwanz:** hinten am Pferd; beweglicher, haariger Körperteil

4 **würdevoll:** souverän, wie ein König

Dann brachte uns der Budenbesitzer die beiden Postkarten. Vater bezahlte ihn.

Auf dem Bild saß ich ganz vorne. Das Holzpferd trug meine Schultüte zwischen den Ohren. Hinter mir ritt Mutter. Sie machte ein Gesicht, als ob sie einen Frosch[1] im Mund hätte. Vater thronte[2] stolz in der Mitte. Friedrich hielt sich an Vaters Jacke fest. Seine Schultüte war höher als alle Berge. Die kleine Frau Schneider hatte Friedrich am Kragen[3] gefasst. Sie sah nett aus. Herr Schneider umarmte sie von hinten.

Auf dem Heimweg lachten alle immer wieder über die Erinnerungsbilder. Nur Vater war es peinlich, dass er sich auf dem Holzpferd so ernst genommen hatte.

Zu Hause machte ich gleich meine Schultüte auf. Sie enthielt nur Zuckerbrot und sehr viel Zeitungspapier. Mutter strich[4] mir übers Haar. »Du weißt doch, Junge«, sagte sie, »wir sind arm.«

Vater fragte: »Was gibt es heute Mittag zu essen?«

»Postkarten!«, antwortete sie. »Das Haushaltsgeld haben wir auf dem Rummelplatz ausgegeben.«

 Übungen

Text 7: Schulweg (1933)

Es war Samstag, der 1. April 1933. Wir kamen aus der Schule. »Du«, sagte Friedrich, »gestern sollte mir der Arzt die Ohren sauber machen. Hat er aber nicht getan! Ich musste erst drei Löffel von einem Medikament nehmen, dann war ich so kräftig, dass meine Mutter das machen konnte. Aber, weißt du, ich habe fünf Löffel genommen, weil es so süß und lecker war.«

»Zu welchem Arzt geht ihr?«, fragte ich Friedrich.

---

1 **der Frosch:** kleines, oft grünes Tier mit langen Hinterbeinen, lebt im und am Wasser
2 **thronen:** ein König sitzt auf einem Thron, er thront
3 **der Kragen:** z. B. am Hemd; der Teil am Kleidungsstücks, der um den Hals liegt
4 **streichen** (strich): die Hand leicht über etwas entlang bewegen

Er zeigte auf ein Haus. »Das ist sein Schild!«, sagte er. Neben der
Haustür stand mit schwarzer Schrift auf einem weißen Arztschild:
»Dr. Jakob Askenase, Kinderarzt, Sprechstunden täglich von 9–12
Uhr und von 15–17 Uhr außer Samstag.« Über das Schild hatte
jemand mit roter Farbe das Wort »Jude« geschmiert[1]. Die Farbe
war noch frisch.
Friedrich schüttelte den Kopf. »Wer hat denn das getan?«
Er klingelte bei Dr. Askenase. Wir warteten.
Dr. Askenase, ein älterer Mann im dunklen Anzug und mit einem
Gebetskäppchen auf dem Kopf, öffnete uns. Als er Friedrich sah,
lächelte er und fragte: »Na, Friedrich, wachsen schon Blumen aus
deinen Ohren?«
Friedrich wurde rot. Leise sagte er: »Meine Mutter hat mir gestern
die Ohren geputzt.« Und dann: »Das ist mein Freund, der braucht
auch mal die gute Medizin.«
Dr. Askenase gab mir die Hand. »Du musst mal mit deiner Mutter
zu mir kommen«, sagte er. »Aber Friedrich, deswegen seid ihr
doch nicht gekommen? Du weißt doch, ich habe heute keine
Sprechstunde.«
»Wir wollten Ihnen Bescheid sagen …« begann Friedrich, aber er
beendete den Satz nicht.
»Jemand hat ›Jude‹ auf Ihr Schild geschmiert«, sagte ich.
»Ich weiß! Macht euch keine Sorgen, morgen entferne ich es«,
meinte Dr. Askenase. Er war ernst geworden. »Ich danke euch, dass
ihr zu mir gekommen seid. Und nun geht schnell nach Hause.« Er
nickte[2] zum Abschied.
An der nächsten Ecke sahen wir Menschen zusammenlaufen.
»Ein Unfall!«, meinte Friedrich.
Ich lief voraus. An der Ecke war ein kleines Schreibwarengeschäft[3].
Wenn man in den Laden wollte, musste man einige Stufen hinun-
tergehen. Der Laden gehörte einem kleinen alten Mann. Wir

---

1 **schmieren:** etwas mit unschöner Schrift schmutzig machen
2 **nicken:** Zustimmung, Gruß; man bewegt den Kopf kurz nach unten und hebt ihn wieder
3 **das Schreibwarengeschäft:** hier kauft man Dinge fürs Büro und die Schule

kauften bei ihm unsere Schreibhefte. Der Alte war immer freundlich und oft schenkte er uns etwas.

Vor seinem Geschäft standen viele Menschen. Man konnte nicht erkennen, was dort los war. Manche Leute lachten, andere machten ernste Gesichter. Wir schoben uns durch die Menschenmenge nach vorne, um mehr zu sehen.

Unter dem Schild »Abraham Rosenthal, Schreibwaren« stand ein Mann breitbeinig vor dem Eingang und ließ niemanden durch. Über dem linken Arm seines Hemdes trug er eine Armbinde mit einem Hakenkreuz[1] und in der rechten Hand hielt er einen Besenstiel[2], an dem ein Schild hing. Darauf stand: »Kauft nicht beim Juden!«

Eine ältere Frau mit Einkaufstasche stellte sich vor das Schild. Sie zog eine kaputte Brille aus dem Mantel und versuchte die Buchstaben zu lesen.

Der Mann mit dem Schild starrte[3] an der Frau vorbei. Die Frau steckte ihre Brille weg und ging vor dem Mann hin und her. Schließlich blieb sie vor ihm stehen und sagte leise: »Lassen Sie mich bitte vorbei!«

Ohne sich zu bewegen und ohne die Frau anzuschauen, kamen aus dem Mund des Mannes die Worte: »Kauft nicht beim Juden!« Die alte Frau sagte: »Ich möchte aber!« Und als der Mann nicht wegging, schob sie sich zwischen ihm und der Hauswand durch und ging schnell die Treppe hinunter in das Geschäft.

Die Leute grinsten, einige lachten laut. Das Gesicht des Mannes zeigte keine Reaktion, nur die linke Hand war jetzt eine Faust[4].

Kurz danach kam die alte Frau die Treppe wieder herauf. Aus ihrer Einkaufstasche schaute blaues Papier für Schulbücher. Die Frau schob sich lächelnd hinter dem Rücken des Mannes vorbei.

---

1 **Armbinde mit Hakenkreuz:** ein Stück Stoff mit dem Zeichen der Nationalsozialisten, das sichtbar über der Kleidung am Arm getragen wird; siehe Foto zu Text 8, S. 86
2 **der Besenstiel:** ca. 1,20 m langes, dünnes und rundes Holz, das zu einem Haushaltsgerät (Besen) gehört, mit dem man den Boden sauber macht
3 **starren:** etwas ganz lange ansehen, in eine Richtung schauen
4 **die Faust:** die Hand ist zusammengezogen wie ein Ball, z. B. weil man aggressiv ist

Zu dem Mann mit dem Besenstiel sagte sie: »Danke schön, junger Mann.« Sie lächelte und ging fort.

Als die alte Frau das Geschäft verließ, stellte sich Abraham Rosenthal in die Tür seines Kellerladens. Er schaute ernst von unten durch die Beine des Mannes auf die Leute vor seinem Geschäft. Auch uns schaute er an. Friedrich grüßte höflich. Ich nickte nur. Der kleine Mann im Keller verbeugte sich.

Mit zusammengebissenen Zähnen donnerte der Mann mit dem Schild: »Verschwindet!«

Friedrich sagte: »Solange Sie hier stehen, dürfen wir es auch!«

Der Mann mit dem Schild machte einen Schritt auf uns zu. Drohend[1] fragte er: »Willst du frech werden?«

Einige Zuschauer gingen weiter, andere einen Schritt zurück. Es war plötzlich ganz still, niemand redete, niemand lachte.

Wir standen allein. Der Mann atmete schwer. Das Schild zitterte[2]. Ich sah, wie sich eine Hand auf Friedrichs Schulter legte. Gleichzeitig spürte ich eine Hand auf meiner Schulter. Wir drehten uns um. Hinter uns stand Friedrichs Vater. Er sagte: »Kommt!«

Dann brachte er uns nach Hause.

 ## Übungen

Text 8: Die Schlaufe[3] (1933)

Ich klingelte bei Schneiders, dreimal kurz, einmal lang – das war unser Zeichen. Dann ging ich an Polykarp vorbei auf die Straße. Friedrich kam sofort. »Danke, dass du mich abgeholt hast!«, sagte er atemlos. Es war noch früh, wir mussten uns nicht beeilen.

»Ich freue mich so!«, begann Friedrich. »Aber meinem Vater darfst du es nicht verraten. Er mag nicht, dass ich dorthin gehe. Ich habe

---

1 **drohend:** jemand warnt, dass es gefährlich wird, wenn man nicht tut, was er/sie will
2 **zittern:** leichte, sehr schnelle kleine Bewegungen, z. B. wenn man wütend ist oder friert
3 **die Schlaufe:** hier: ein Ring aus Leder, der die Enden des Halstuchs zusammenhält; siehe auch S. 86

gesehen, wie ihr durch die Stadt marschiert[1] seid und gesungen
habt. Das finde ich so schön. Ich möchte auch gern mitmachen. –
Aber Vater erlaubt es nicht!«
Wir gingen durch den Park.
»Was habt ihr heute vor?«, fragte Friedrich.
»Mittwochs haben wir Heimabend. Neue dürfen wir nur zum
Heimabend mitbringen. Du, sag besser nicht, dass ihr Juden seid.«
Friedrich flüsterte: »Ich freue mich so.«
»Unser Fähnleinführer[2] ist ein prima Typ«, erzählte ich. »Im
Heim an der Wand kannst du sein Halstuch[3] sehen. Es hat in der
Mitte einen Schnitt. Ein Kommunist hat ihn mit einem Messer
überfallen[4]. Zum Glück ist das Messer nur durch das Halstuch
gegangen, unser Fähnleinführer wurde nicht verletzt.«
Plötzlich zog Friedrich ein schwarzes Dreiecktuch aus dem Erste
Hilfe-Kasten seiner Mutter aus der Hosentasche. Ich zeigte Fried-
rich, wie man ein Halstuch richtig rollt und legte ihm das Tuch so
unter den Hemdkragen, dass hinten noch ein Stück hervorschaute.
Friedrich holte eine Lederschlaufe mit Hakenkreuz aus der Hosentasche. Eine solche Schlaufe besaß nicht einmal unser Fähnleinführer. Stolz schob Friedrich die Schlaufe über die Enden des
Tuches bis zum Hals hinauf. Zusammen marschierten wir durch
das alte Tor der Burg.
Die anderen rannten schon im Hof herum. Die meisten trugen
kurze Hosen und irgendein Hemd. Das Einzige, was alle hatten,
war das Halstuch.
Begeistert saß Friedrich neben mir an der Mauer. »Ich bin so froh,
dass ich dabei sein darf!«, sagte er.
Endlich kam mein Jungzugführer[5]. Er war fünfzehn Jahre alt und
trug eine richtige Uniform, wie auch wir sie uns alle wünschten.
Ich meldete ihm, dass ich einen Neuen mitgebracht hatte.

---

1 **marschieren:** zu Fuß gemeinsam lange und schnell gehen, z. B. beim Militär
2 **der Fähnleinführer:** Position beim Jungvolk, siehe auch S. 86
3 **das Halstuch:** ein Stück Stoff, das man am Hals trägt, hier ein Dreiecktuch, also ein Halstuch
mit drei Ecken
4 **überfallen:** der Versuch, eine Person plötzlich zu verletzen oder etwas zu stehlen
5 **der Jungzugführer:** Position beim Jungvolk; siehe auch S. 86

24

»In Ordnung«, sagte er. »Ich habe jetzt keine Zeit. Das machen wir später.«

Dann mussten wir uns aufstellen. »Rechts um!«

Es gab ein Durcheinander, weil Friedrich nicht wusste, wo er hingehen musste. Aber dann lief er hinter mir die Treppe hoch.

Unser Heim in der Burg war ein Raum ohne Fenster. Sobald man hereinkam, schaute man auf das Hitler-Bild. Gleich unter dem Bild hing das berühmte Halstuch unseres Fähnleinführers. An der rechten Wand hingen zwei gekreuzte Stangen[1] mit kleinen schwarzen Fahnen. In der Mitte der Fahnen sah man die weiße Sieg-Rune[2].

An der Wand neben der Tür war geschrieben: »Mehr sein als scheinen!« und »Wer leben will, der kämpfe also!«

Als Friedrich sich neben mich auf die Holzbank setzte, flüsterte er: »Herrlich! Ich bin so froh, ich werde auch Pimpf[3].«

Wir saßen kaum, als der Jungzugführer laut »Achtung!« rief. Alle stellten sich mit dem Gesicht zum Hitler-Bild.

Der Fähnleinführer stellte sich unter das Bild. Er hob die Hand. »Sieg Heil[4], Jungens!«, rief er. »Sieg Heil, Fähnleinführer!«, antworteten wir.

Friedrich schrie begeistert.

»Setzt euch!«, befahl der Fähnleinführer. »Jungens, heute habe ich jemanden mitgebracht. Er möchte zu euch über etwas ganz Wichtiges sprechen.«

Da erst bemerkte ich einen buckligen[5] Mann, der ganz braun gekleidet war. Weil er so klein war, fiel er zwischen den Jungen gar nicht auf. Der Mann kletterte auf eine Kiste und begann.

»Pimpfe unseres Führers Adolf Hitler!« Die Stimme klang unangenehm. »Ich habe den Auftrag, heute zu euch über die Juden zu reden. Ihr alle kennt Juden. Doch ihr alle wisst zu wenig davon.

---

1 **die Stange:** lang, dünn und oft rundes Stück Metall oder Holz
2 **die Sieg-Rune:** germanisches Schriftzeichen des Jungvolks; siehe auch S. 86
3 **der Pimpf:** Mitglied des Jungvolks, siehe auch S. 86
4 **Sieg Heil:** war die Begrüßung der Nationalsozialisten, siehe auch S. 86
5 **bucklig:** jemand, bei dem der Rücken zwischen den Schultern nicht gerade ist

Das wird in einer Stunde anders sein: Dann werdet ihr wissen, welche Gefahr die Juden für uns und unser Volk[1] sind.«

Friedrich schaute mit leicht geöffnetem Mund auf den Mann und nahm jedes Wort in sich auf. Der Bucklige merkte das und man hatte bald den Eindruck, dass die Rede nur für Friedrich war. Er beschrieb alles so lebendig, dass wir es vor uns sahen.

»Mit einem breiten Messer, so lang wie mein Arm, stellt sich der Jude neben die arme Kuh. Ganz langsam hebt er das Messer. Das Tier fühlt den Tod, es brüllt[2], es will weg.

Aber der Jude hilft dem Tier nicht. Schnell sticht er das breite Messer in den Hals. Das Blut spritzt, überall ist Blut. Man sieht die Angst in den Augen des Tieres. Aber der Jude lässt das Tier leiden. Er genießt den Schmerz des blutenden Tieres. Und er schaut zu, wie das Tier stirbt. – Das nennt man schächten! – So verlangt es der Gott der Juden!«

Friedrich fiel fast von der Bank. Sein Gesicht war weiß, er atmete schwer. Der Bucklige erzählte von ermordeten[3] christlichen Kindern, von jüdischen Verbrechen, von Kriegen. Ich fror vom Zuhören.

Schließlich endete der Redner: »Einen Satz, einen einzigen Satz müsst ihr euch merken. Das verlange ich von euch. Ich will ihn wiederholen, immer wiederholen: Die Juden sind unser Unglück! Und wieder: Die Juden sind unser Unglück! Und noch einmal: *Die Juden sind unser Unglück!*«

Erschöpft stand der kleine Mann auf seiner Kiste und schwieg. Es war ganz still im Raum. Da zeigte der Bucklige auf Friedrich. »Wie heißt der Satz?«, fragte er ihn.

Friedrich bewegte sich nicht.

»Wie heißt der Satz?«, fragte der Redner lauter.

Friedrich saß bewegungslos neben mir auf der Bank.

»Wie heißt der Satz?«

---

1 **das Volk:** Menschen mit gemeinsamer Sprache, Geschichte und Kultur eines Staates
2 **brüllen:** sehr laut schreien, vor Schmerz oder Wut
3 **ermorden:** einem Menschen mit Absicht Gewalt antun, sodass die Person stirbt

Die Stimme des Buckligen wurde schrill[1]. Er sprang von der Kiste, ging auf Friedrich zu und fasste ihn beim Halstuch. Er schob die Schlaufe ganz langsam nach oben.

»Wie heißt der Satz?«, forderte er wütend.

Friedrich flüsterte: »Die Juden sind unser Unglück.«

Der Bucklige riss Friedrich von der Bank. »Steh auf, wenn ich mit dir rede!«, schrie er. »Und antworte laut!«

Friedrich stellte sich gerade. Er war noch immer weiß im Gesicht. Deutlich sagte er: »Die Juden sind – euer Unglück!«

Man hörte nichts, kein Geräusch. Friedrich drehte sich um. Die neue Schlaufe steckte in der Hand des Buckligen. Und Friedrich verließ das Heim. Niemand hielt ihn auf. Ich blieb sitzen.

 Übungen

Text 9: Der Ball (1933)

Wir liefen die Straße entlang, Friedrich bei der Hauswand und ich am Rand des Gehsteigs. Ich warf den kleinen Ball, den ich im Schuhgeschäft geschenkt bekommen hatte. Er flog von der Mitte des Gehsteigs hoch und dann zu Friedrich. Friedrich fing ihn auf und warf ihn mir wieder zurück.

Weil uns ein Fußgänger entgegenkam, warf ich den Ball nicht. Als der Mann vorbei war, warf ich Friedrich den Ball wieder zu. Er hatte nicht aufgepasst. Es klirrte[2], Scherben[3] fielen. Der Ball rollte über den Gehsteig zu mir zurück.

Friedrich starrte mit offenem Mund auf die kaputte Scheibe des Schaukastens[4]. Ich hob den Ball auf.

Da stand plötzlich die Frau vor uns. Sie fasste Friedrich beim Arm und schimpfte los. Weil sie so laut schrie, öffneten die Nachbarn Türen und Fenster. Immer mehr Neugierige kamen.

---

1 **schrill:** es klingt unangenehm, laut und scharf
2 **klirren:** das Geräusch, wenn Glas kaputt geht
3 **die Scherben** (Sg. die Scherbe): kaputte Stücke von Glas oder Geschirr
4 **der Schaukasten:** ein Schaufenster, aber kleiner, wie eine große Kiste

»Diebe! Einbrecher!«, schrie die Frau.

Ihr Mann stand ganz ruhig vor der Ladentür.

»Dieser Judenbengel«, teilte die Frau allen mit, die es hören wollten, »macht mir den Schaukasten kaputt, will meine Ware stehlen!«

Dann sagte sie zu Friedrich: »Aber das hat nicht geklappt. Ich passe auf. Dich kenne ich, du kommst hier nicht weg. Euch Judenpack[1], ausrotten[2] sollte man euch. Erst machen sie unsere Geschäfte mit ihren großen Kaufhäusern kaputt, dann stehlen sie noch unsere Waren! Wartet nur, der Hitler wird es euch zeigen!«

Wild schüttelte sie Friedrich hin und her.

»Aber er ist es doch gar nicht gewesen!«, rief ich dazwischen. »Ich habe den Ball geworfen. Ich habe die Scheibe kaputt gemacht. Wir wollten nicht stehlen!«

Mit großen, dummen Augen schaute die Frau mich an und wusste wohl nicht, was sie sagen sollte.

Plötzlich schimpfte sie los: »Was mischst[3] du dich denn ein? Meinst du, weil ihr in einem Haus wohnt, musst du dem Judenbengel helfen? Verschwinde!«

»Aber ich habe doch den Ball in den Kasten geworfen!«, versuchte ich es noch einmal.

Jemand hatte die Polizei angerufen. Atemlos und schwitzend kam ein Polizist auf dem Fahrrad angefahren. Er ließ sich von der Frau alles berichten. Wieder erzählte sie die Geschichte vom versuchten Einbruch. Ich zog den Polizisten an seiner Kleidung.

»Herr Wachtmeister[4]«, sagte ich, »er hat es nicht getan. Ich habe mit meinem Ball die Scheibe eingeworfen.«

Die Frau schaute mich drohend an. »Glauben Sie ihm nicht, Herr Wachtmeister!«, schimpfte sie. »Er will den Judenbengel schützen! Er denkt, der Jude ist sein Freund, weil sie beide im gleichen Haus wohnen.«

---

1 **das Judenpack:** Pack = schlimmes Schimpfwort für Menschen, die man nicht achtet
2 **ausrotten:** alle ermorden, bis niemand mehr lebt
3 **sich einmischen:** dazwischenreden, obwohl man nichts damit zu tun hat
4 **der Wachtmeister:** Anrede für einen Polizisten bis in die 1980er Jahre

Der Polizist beugte[1] sich zu mir herunter. »Das verstehst du noch nicht, du bist noch zu klein«, erklärte er mir. »Du willst ihm helfen, weil du denkst, dass er dein Freund ist. Du weißt doch: Er ist Jude. Glaub mir: Wir Erwachsenen haben Erfahrung mit Juden. Man kann ihnen nicht vertrauen, sie sind hinterlistig[2] und betrügen. Nur die Frau hat gesehen, was der Jude getan hat …«

»Aber sie hat es doch gar nicht gesehen!«, unterbrach ich ihn. »Nur ich bin dabei gewesen. Ich habe es getan!«

Der Polizist sagte ärgerlich: »Du willst doch nicht behaupten, dass diese Frau lügt!«

Ich wollte noch etwas sagen, aber der Polizist hörte mir nicht mehr zu. Er führte Friedrich zu unserem Haus. Vorne lief die Frau. Viele Leute und auch ich gingen mit. Auf dem Weg begegneten wir Herrn Schneider.

Schluchzend[3] rief Friedrich: »Vater!«

Herr Schneider grüßte und schaute von einem zum anderen.

»Ihr Sohn?«, begann der Polizist.

Aber die Frau ließ ihn nicht weiterreden. Sie wiederholte ihre Erzählung. Nur was sie über Juden gesagt hatte, ließ sie jetzt weg.

Herr Schneider hörte sich alles an. Als die Frau fertig war, schaute er Friedrich in die Augen und fragte ernst: »Hast du den Schaukasten mit Absicht kaputt gemacht?«

Friedrich schüttelte weinend den Kopf.

»Ich bin es gewesen, Herr Schneider! Ich habe meinen Ball hineingeworfen, aber nicht mit Absicht!«, rief ich und zeigte ihm den kleinen Ball. Friedrich nickte.

Herr Schneider sagte zu der Frau: »Wenn Sie das, was Sie mir erzählt haben, beeiden[4] können, dann zeigen Sie meinen Sohn an. Sie kennen mich und meine Adresse!«

Die Frau antwortete nicht.

---

1 **herunterbeugen:** sich mit dem oberen Teil des Körpers nach unten bewegen
2 **hinterlistig:** wenn jemand heimlich und absichtlich einem Menschen schaden will
3 **schluchzend:** sehr stark und laut weinend
4 **beeiden:** vor Gericht die Wahrheit sagen

Herr Schneider nahm seine Geldbörse. »Und nun halten Sie bitte meinen Sohn nicht länger fest, Herr Wachtmeister!«, sagte er streng. »Ich bezahle den Schaden sofort.«

 Übungen

Text 10: Treppengespräch (1933)

Herr Schneider und Friedrich liefen die Treppe hinunter. Herr Resch stieg die Stufen hoch. Vor unserer Tür begegneten sie sich. Herr Schneider grüßte und wollte weitergehen. Herr Resch grüßte nicht. Er ließ Herrn Schneider nicht durch. Er atmete schwer. Endlich sagte Herr Resch: »Ich wollte mit Ihnen reden.« Herr Schneider verbeugte sich. »Darf ich Sie in meine Wohnung bitten«, schlug er vor. Herr Resch lehnte ab: »Ich betrete Ihre Wohnung nicht mehr. Wir können das hier erledigen.« Herr Resch klingelte bei uns. Vater öffnete. Ich stand hinter ihm. »Würden Sie bitte zuhören«, forderte Herr Resch meinen Vater auf, »ich brauche Sie als Zeugen.« Vater blieb in der Tür stehen und sagte nichts. Herr Resch atmete tief ein. »Ich kündige Ihnen! Sie ziehen am Ersten aus!«, sagte er zu Herrn Schneider. Eine Zeit lang schwiegen alle. Dann sagte Herr Schneider: »Aber das ist doch nicht Ihr Ernst!« Jetzt reagierte auch mein Vater: »Das geht doch gar nicht, Herr Resch. Herr Schneider hat als Mieter Rechte.« Herr Resch sah meinen Vater böse an. »Sie sollen diesen Herrn nicht unterstützen, sie sollen nur Zeuge sein!«, schimpfte er. Mein Vater antwortete: »Ich lasse mir von Ihnen nicht verbieten meine Meinung zu sagen. Da müssen Sie auf mich als Zeuge verzichten!« Vater schob mich in die Wohnung und schloss laut die Tür. Wir lauschten[1] dahinter.

---

1 **lauschen:** heimlich mithören, genau hinhören

Höflich sagte Herr Schneider: »Es geht wirklich nicht, dass Sie mir so plötzlich kündigen.«
Herr Resch antwortete: »Sie werden sehen, es geht!«
»Und warum kündigen Sie uns?«, fragte Herr Schneider.
Herr Resch schrie: »Weil Sie Jude sind!«
Dann hörten wir, wie er die Treppe hinunterstampfte.

 Übungen

Text 11: Herr Schneider (1933)

Wir saßen auf dem Gehsteig vor unserem Haus. Friedrich erklärte mir die Rechenaufgaben. Ich hörte kaum zu. Als ich nach einem Stein trat, erschreckte er sich und schaute dem Stein nach.
»Entschuldigung«, sagte ich.
Aber Friedrich beachtete meine Entschuldigung nicht. Er schaute in die Richtung, in die der Stein geflogen war. Die Straße war leer. Nur ganz am Ende ging ein Mann und kam langsam näher.
»Ist das mein Vater?«, fragte Friedrich leise.
»Nein!«, sagte ich. »Dein Vater geht schneller. Und außerdem ist es noch zu früh, er kann noch nicht Feierabend haben.«
Der Mann trug eine Tasche. Sein Kopf hing auf der Brust. Der Hut warf einen Schatten auf das Gesicht. Müde zog der Mann seine Füße über den Boden. Dann ging er auf ein Gartentor zu. Er schwankte[1] und ging wieder in Richtung Straße.
»Der ist betrunken!«, sagte ich.
»Das ist doch mein Vater!«, rief Friedrich und lief dem Mann entgegen. Ich blieb sitzen, denn ich misstraute Friedrichs Augen. Ich sah, wie Friedrich sich bei dem Mann einhakte und ihn führte. Als die beiden näherkamen, erkannte auch ich Herrn Schneider.

---

1 **schwanken:** nicht geradeaus laufen können, beim Laufen hin und her bewegen

Friedrich und sein Vater gingen an mir vorbei. Herr Schneider weinte. Über sein Gesicht liefen Tränen. Ich hatte noch nie einen Mann weinen sehen.

Friedrich und sein Vater verschwanden im Haus. Ich ging zu meiner Mutter und erzählte ihr vom weinenden Herrn Schneider. Mutter sagte: »Herr Schneider hat sicher etwas Schlimmes erlebt. Wir wollen nicht stören.«

In der Küche versuchte ich zu lesen, aber ich dachte immer an Herrn Schneider.

Gegen Abend kam Frau Schneider zu uns. Sie war sehr blass. Mutter arbeitete am Herd.

»Was ist mit Ihrem Mann, Frau Schneider?«, erkundigte Mutter sich leise, ohne Frau Schneider anzuschauen. »Hat er Sorgen?«

Frau Schneider schüttelte den Kopf. Plötzlich sank sie auf einen Küchenstuhl, warf die Arme auf den Tisch, legte das Gesicht darauf und weinte laut. Ihr Körper zitterte. Immer wieder sagte sie: »Ich habe Angst! Ich habe solche Angst!«

Meine Mutter hatte sich erschreckt umgedreht. Sie sagte nichts, nahm den Kaffee aus dem Küchenschrank und machte einen starken Kaffee. Frau Schneider hatte so viel geweint, dass auf dem Tisch ein kleiner See aus Tränen entstand. Mutter öffnete eine Flasche Weinbrand[1]. Den gab es nur bei ernsten Krankheiten. Sie goss Weinbrand in die Tasse mit Kaffee.

Meine Mutter setzte sich ganz nah neben Frau Schneider. Sie hob ihren Kopf hoch und trocknete ihr Gesicht. Danach gab sie ihr vorsichtig von dem starken, heißen Kaffee mit Weinbrand.

Es dauerte lange bis Frau Schneider sich beruhigte. »Verzeihung«, flüsterte sie, »ich kann nicht mehr!«

Mutter strich über Frau Schneiders Haar. »Reden Sie, das erleichtert!«, forderte sie Frau Schneider auf.

Sie nickte und sagte dann ganz leise: »Mein Mann ist entlassen.«

»Aber Ihr Mann ist doch Beamter?«, fragte Mutter.

Frau Schneider nickte.

---

1 **der Weinbrand:** aus Wein hergestellter, starker Alkohol

»Beamte können doch nicht entlassen werden?«, erkundigte sich Mutter.

Frau Schneider gab keine Antwort. Wieder liefen die Tränen.

»Man hat ihn gezwungen, in Pension zu gehen«, sagte sie schließlich. »Mit zweiunddreißig Jahren!«

»Aber weshalb denn?«, fragte Mutter.

Frau Schneider hob den Kopf. Sie schaute meine Mutter an. Nach sehr langer Zeit antwortete sie und sprach dabei jedes Wort einzeln aus: »Wir sind doch Juden!«

 Übungen

Text 12: Die Verhandlung[1] (1933)

»Resch gegen Schneider«, rief der Vorsitzende[2] in den Gerichtssaal. Danach las er in den schriftlichen Erklärungen von Herrn Resch und Herrn Schneider.

Ein Rechtsanwalt zeigte Herrn Resch den Weg in die Zeugenbank. Herr Schneider ging allein an den Richtertisch und wartete. Herrn Reschs Rechtsanwalt stellte sich Herrn Schneider gegenüber auf. Der Vorsitzende drehte sich zum Rechtsanwalt.

»Herr Rechtsanwalt«, sagte er und zeigte dabei auf die schriftliche Erklärung, »ich vermisse hier die Begründung. Sie beantragen eine Räumung[3] der Wohnung wegen Belästigung[4]. Hier steht aber nicht, was für eine Belästigung das war oder ist.«

Der Rechtsanwalt verbeugte sich vor dem Richter und begann zu reden: »Herr Vorsitzender! Unser Fall ist ungewöhnlich – aber rechtlich eindeutig. Der Kläger[5] hat Anspruch auf ein Recht, das man heute jedem deutschen Menschen genehmigen muss. Wir

---

1 **die Verhandlung:** wenn vor Gericht ein Rechtsstreit behandelt wird
2 **der Vorsitzende:** der Richter, der die Verhandlung bei Gericht leitet
3 **die Räumung:** vom Gericht gezwungen werden, aus der eigenen Wohnung auszuziehen
4 **die Belästigung:** wenn die Ordnung gestört wird, z. B. durch Lärm, Beleidigung
5 **der Kläger:** die Person, die vor Gericht klagt und Recht bekommen will

wissen, dass das rechtlich gesehen etwas Neues ist. Schon im alten
römischen Recht …«
Der Vorsitzende räusperte sich und unterbrach den Redner. »Einen
Augenblick bitte, Herr Rechtsanwalt. Ich darf Sie bitten, die Situa-
tion kurz darzustellen.«
Der Rechtsanwalt ließ seinen Kopf sinken. Dann stand er wieder
gerade da und begann zu reden.
Ich war nervös. Ich war noch nie in einem Gerichtssaal. Mutter
hielt meine Hand ganz fest. Auch sie erlebte so etwas zum ersten
Mal. Herr Schneider hatte uns gebeten, mitzukommen.
Auf dem Platz neben uns saß Frau Schneider. Sie zitterte. Friedrich
drückte sich ängstlich an sie.
»Der Kläger, Herr Resch«, erklärte der Rechtsanwalt, »ist seit
einem Jahr Mitglied der ›Nationalsozialistischen Deutschen Arbei-
terpartei‹ unseres sehr verehrten Reichskanzlers[1] Adolf Hitler. Er
glaubt aus tiefster Überzeugung an das Gedankengut[2] dieser Partei
und die Richtigkeit ihrer Lehren.«
Der Rechtsanwalt hob seinen rechten Zeigefinger nach oben und
bewegte ihn in der Luft wild hin und her.
»Dass das nationalsozialistische Gedankengut das Judentum
ablehnt, ist ein sehr wichtiger Teil der Lehrmeinung!« Jetzt zeigte
der Rechtsanwalt auf Herrn Schneider und die Stimme wurde
lauter: »Herr Vorsitzender, der Beklagte[3] ist Jude!«
Der Rechtsanwalt schwieg.
Fragend schaute der Vorsitzende zuerst den Rechtsanwalt, dann
Herrn Schneider und schließlich die Zuschauer an.
Der Rechtsanwalt setzte seine Rede mit schriller Stimme fort:
»Kann man von Herrn Resch verlangen, jemanden als Mieter in
seinem Haus zu behalten, den er für eine ständig drohende Gefahr
hält? Für Herrn Resch ist ein Jude in seinem Haus eine Belästigung.
Wir beantragen, den Beklagten zur Räumung der von ihm gemie-

---

1 **der Reichskanzler:** Adolf Hitler wurde 1933 zum Kanzler des Deutschen Reichs ernannt, ein
demokratisches Parlament gab es bald nicht mehr; Hitler war der Führer
2 **das Gedankengut:** hier: alle Ideen und Inhalte, die zum Nationalsozialismus passen
3 **der Beklagte:** Person, gegen die bei Gericht geklagt wird

teten Wohnung zu verurteilen. Außerdem soll er die Gerichts-
kosten übernehmen.«
Der Vorsitzende fragte Herrn Schneider: »Was sagen Sie dazu?«
Mit sicherer Stimme antwortete Herr Schneider: »Ich lehne die
Klage ab. Der Kläger hat immer gewusst, dass ich Jude bin. Bis vor
Kurzem hatte er sich nicht darüber beschwert.«
Der Vorsitzende fragte: »Wie lange wohnen Sie bereits im Haus
des Klägers?«
»Seit ungefähr zehn Jahren!«, antwortete Herr Schneider.
Der Vorsitzende schaute den Rechtsanwalt an und erkundigte sich:
»Stimmt das, was der Beklagte sagt?«
Der Rechtsanwalt fragte Herrn Resch: »Stimmt das?«.
Herr Resch stand auf und ging schwer atmend nach vorn.
»Was haben Sie zur Sache zu sagen, Herr Resch?«, fragte der
Vorsitzende.
Herr Resch holte Luft und fing an: »Ich bin überzeugter Natio-
nalsozialist, Herr Vorsitzender. Ich möchte persönlich mithelfen,
dass die nationalsozialistischen Lehren Wirklichkeit werden.
Der Jude Schneider verhindert das. Meine Parteifreunde und
Geschäftsfreunde werden mich nicht besuchen, wenn der Beklagte
in meinem Haus wohnen bleibt. Herr Vorsitzender, dieser Jude
als Vertreter des Weltjudentums[1] wird mein Geschäft zerstören.
Jeder Leser des ›Stürmer‹ weiß, dass vor allem die Juden für die
schlimmen Zerstörungen unseres deutschen Wirtschaftslebens
verantwortlich sind ...«
Der Vorsitzende unterbrach Herrn Resch: »Augenblick bitte,
halten Sie keine politischen Reden. Meine Frage ist noch nicht
beantwortet: Wohnt der Beklagte seit zehn Jahren in Ihrem Haus
und haben Sie immer gewusst, dass er Jude ist?«
Herr Resch ging näher an den Richtertisch heran. »Ja, aber die
Zeiten haben sich geändert. Ich kann keinen Juden in meinem
Haus akzeptieren!«

---

1 **das Weltjudentum:** die Angst der Nationalsozialisten, dass die gesamten Juden über die
Welt herrschen wollen

Der Vorsitzende sagte zu Herrn Resch: »Seit Sie Mitglied der NSDAP[1] sind, können Sie keinen Juden mehr in Ihrem Haus akzeptieren. Garantieren Sie mir, dass Sie nicht bald Mitglied einer Partei sind, die gegen Katholiken oder Vegetarier ist? Wenn ich heute Ihrem Antrag entspreche[2], stehen Sie im nächsten oder übernächsten Jahr vor mir und verlangen ein Urteil gegen einen anderen Mieter, weil er katholisch ist oder kein Fleisch isst.«

Herr Resch schüttelte den Kopf: »Aber das ist doch etwas ganz anderes …«

Da zog ihn sein Rechtsanwalt zur Seite, redete mit ihm und versuchte ihn zu beruhigen. Herr Resch verließ den Gerichtssaal.

Schließlich ging der Rechtsanwalt nach vorne. »Wir nehmen[3] die Klage zurück«, sagte er.

Laut schloss der Vorsitzende seine Unterlagen.

Herr Schneider verbeugte sich vor dem Vorsitzenden.

Plötzlich weinte Friedrich laut. Frau Schneider legte ihm die Hand auf den Mund.

Der Vorsitzende fragte: »Wer ist das?«

»Mein Sohn!«, antwortete Herr Schneider.

»Komm einmal zu mir, Junge!«, rief der Vorsitzende.

Herr Schneider führte Friedrich zum Richtertisch.

»Warum weinst du denn?«, fragte der Richter mit warmer Stimme.

»Du brauchst dir keine Sorgen zu machen. Euch geschieht nichts.

Dafür sitze ich doch hier, dass alles gerecht ist.«

Friedrich trocknete die Augen und sagte: »Ja, Sie!«

 Übungen

---

1 **die NSDAP:** Abkürzung für **N**ationalsozialistische **D**eutsche **A**rbeiterpartei
2 **dem Antrag entsprechen:** den Wunsch erfüllen, es genehmigen
3 **die Klage zurücknehmen:** der Kläger / die Klägerin will nicht weiter vor Gericht klagen

Text 13: Im Kaufhaus (1933)

Friedrich trug einen neuen Anzug. So schön war nicht einmal
mein Sonntagsanzug.
»Woher hast du den Anzug?«, fragte ich.
Friedrich lachte: »Komm mit!«
Neugierig folgte ich ihm. Wir liefen durch die Stadt und kamen
auf die Hauptstraße. Dann gingen wir in das Kaufhaus Herschel
Meyer. Ein großer Mann riss vor uns die Tür auf und verbeugte
sich tief. Im Erdgeschoss sah man die vielen Lichter des riesigen
Kristallleuchters[1] in den Spiegeln, die an den Wänden hingen.
Friedrich ging direkt zur Rolltreppe[2]. Er sprang auf die Stufen und
winkte mir. Ich setzte meine Füße vorsichtig auf die Rolltreppe.
Noch bevor ich Friedrich erreicht hatte, war er schon auf der
zweiten Rolltreppe.
Unter dem Schild »2. Stock, Spielwaren[3]« erwartete er mich. Er
ging mit mir zu einer Stelle, von der aus ich die ganze Abteilung
sehen konnte. »Nun, was siehst du?«, fragte er stolz.
Ich schaute mich um. Überall waren Spielsachen aufgebaut. Es gab
Holzklötze, Schaukelpferde, Puppen, Fahrräder und mehr. Dazwi-
schen standen Verkäuferinnen. Kunden wanderten zwischen den
Tischen oder wurden bedient. Ein elegant gekleideter Herr lief
durch die Abteilung. Hier sprach er mit einer Verkäuferin, dort
stellte er ein Spielzeug richtig hin.
»Ich weiß nicht«, sagte ich. Friedrich sagte: »Komm!«
Er brachte mich bis ganz nah hinter den Herrn. Plötzlich hustete
Friedrich. Der Herr drehte sich um. Herr Schneider!
Herr Schneider lachte und hob Friedrich hoch. Dann begrüßte
er mich und fragte: »Nun, wer gefällt dir besser, der Postbeamte
Schneider oder der Leiter dieser Abteilung?«
Ich überlegte, dann sagte ich: »Sie sehen so elegant aus!«
Herr Schneider lachte. »Ich gefalle mir so auf jeden Fall besser!«

---

1 **der Kristallleuchter:** Leuchter, der aus Glas-Kristallen besteht
2 **die Rolltreppe:** Treppe mit beweglichen Stufen zwischen zwei Stockwerken
3 **die Spielwaren:** Spielzeug, das verkauft wird

Dann brachte er uns zu einer riesigen Modell-Eisenbahn. Die
Schienen liefen durch Berge und Täler. Mehrere Züge konnten
gleichzeitig fahren. Herr Schneider erklärte uns alles. Dann
spielten wir mit der Eisenbahn. Herr Schneider stand daneben und
schaute zu. Plötzlich fragte er mich: »Was macht das Jungvolk?«
Ich schaute Friedrich an.
»Friedrich hat mir alles erzählt«, sagte Herr Schneider.
Ich antwortete: »Es gefällt mir gut. Bald machen wir eine richtige
Fahrt. Vielleicht darf ich mit. Ich spare schon Geld. Wir schlafen
im Zelt und kochen selber. Schade, dass Friedrich nicht dabei sein
kann!«
Herr Schneider nickte. »Schade«, er flüsterte fast, »aber es ist wohl
besser so!«
Schweigend spielten wir Jungen weiter.
Plötzlich fragte Herr Schneider: »Was sagt dein Vater eigentlich
zum Jungvolk?«
Ich drehte mich um: »Vater ist froh, dass es mir gefällt. Er achtet
darauf, dass ich regelmäßig dahin gehe, seit er in der Partei ist.«
Herr Schneider schaute mich erschrocken an. »So, dein Vater ist
jetzt auch in der Partei?«
Ich nickte: »Ja. Er meint, es kann uns nur nützen.«
Herr Schneider seufzte[1].
Er rief eine Verkäuferin. Sie kam sofort.
Herr Schneider sagte zu ihr: »Zeigen Sie bitte diesen beiden Herren
alles in dieser Abteilung. Und danach darf sich jeder für eine Mark
Spielzeug aussuchen. Die Rechnung zahle ich.«
Die Verkäuferin nickte lächelnd.
Herr Schneider gab uns die Hand. »Auf Wiedersehen, Jungens,
und viel Vergnügen!«
Langsam ging er fort. Er drehte sich noch einmal um und winkte
uns, aber er lächelte nicht mehr.

 Übungen

---

1 **seufzen:** kurz atmen, lang und hörbar ausatmen; wenn man an etwas Trauriges denkt

Text 14: Der Lehrer (1935)

Es klingelte. Lehrer Neudorf machte das Buch zu und stand auf.
Langsam kam er auf uns zu. Erst räusperte er sich, dann sagte
er:»Der Unterricht ist zu Ende. Aber bleibt bitte noch hier. Ich
möchte euch etwas erzählen. Wer keine Lust hat, kann schon nach
Hause gehen.«
Wir schauten uns fragend an. Lehrer Neudorf ging ans Fenster und
drehte uns den Rücken zu. Er schaute auf die Bäume im Schulhof.
Wir räumten unsere Sachen zusammen, aber niemand verließ die
Klasse. Wer fertig war, wartete.
Dann erst drehte sich Lehrer Neudorf um. Als er sah, dass noch
alle Plätze besetzt waren, nickte er uns lächelnd zu. Lehrer Neudorf
setzte sich ganz vorne auf einen Tisch. Wir Schüler schauten den
Lehrer gespannt an.
Er sagte ruhig und leise:»Ihr habt in der letzten Zeit viel von Juden
gehört, nicht wahr? Heute habe auch ich einen Grund, zu euch
über Juden zu reden.«
Wir nickten und lauschten.
Nach einer Pause begann er:»Vor zweitausend Jahren lebten alle
Juden in dem Land, das heute Palästina heißt. Die Juden nennen es
Israel. Die Römer herrschten[1] dort, aber die Juden kämpften gegen
die Römer. Die Römer siegten und die jüdischen Kämpfer mussten
nach Spanien oder an den Rhein gehen. Lange Zeit danach flohen
die Juden wieder. Sie verteilten sich über die ganze Erde. Viele
Juden wurden reich und waren anerkannt.
Dann kamen die Kreuzritter[2]. Sie wollten das Heilige Land[3], von
den Ungläubigen[4] zurückgewinnen. Einige aber erklärten: ›Was
nützt es, wenn wir gegen die Ungläubigen im Heiligen Land
kämpfen, wenn Ungläubige mitten unter uns leben!‹ Und so
wurden Juden verfolgt[5] und ermordet. Wer fliehen konnte, floh.

---

1 **herrschen:** Gewalt über Menschen / ein Volk haben, z. B. ein König / ein Diktator
2 **Kreuzritter:** Christen kämpften (11.–13. Jh.) im Heiligen Land gegen Muslime
3 **das Heilige Land:** die Region, die in der hebräischen Bibel »Israel« hieß; wo Jesus starb
4 **die Ungläubigen:** alle, die nicht an Jesus glauben oder eine andere Religion haben
5 **verfolgen:** hinterhergehen, jemanden fangen wollen

In Polen und Russland fanden viele Juden ein neues Zuhause. Aber im vorigen Jahrhundert begann man auch dort, sie zu verfolgen. Juden in den Städten mussten getrennt von der übrigen Bevölkerung in sogenannten Gettos wohnen. Sie durften keine Handwerker werden und keine Häuser besitzen. Nur im Handel und Geldgeschäft durften sie arbeiten.«

Bevor Lehrer Neudorf weitererzählte, putzte er seine Brille.

»Das Alte Testament der Christen ist auch die Heilige Schrift der Juden. Sie nennen es Thora, das heißt ›die Lehre‹. In der Thora stehen die Verbote und Gebote, die für Juden wichtig sind. Es gibt ein anderes wichtiges Buch – der Talmud. Das heißt ›das Lernen‹. Hier steht, wie die Gesetze der Thora zu verstehen sind. Noch heute leben Juden nach den Regeln der Thora. Sie verbieten zum Beispiel am Sabbat Feuer zu machen oder Schweinefleisch zu essen. In der Thora steht auch, dass sie verfolgt werden und fliehen müssen, wenn sie nicht nach den Geboten leben.

Jesus war nach jüdischer Lehre nicht der Messias[1]. Viele Christen haben den Juden bis heute nicht verziehen, dass sie Jesus, ihren Messias ans Kreuz geschlagen haben. Viele Menschen mögen Juden nicht: Sie sind ihnen fremd und unheimlich. Man denkt, dass sie schlimme Sachen machen, nur weil man sie nicht genügend kennt! Einige warten nur darauf, Juden wieder verfolgen und quälen[2] zu können.«

Aufmerksam hörten wir Lehrer Neudorf zu. Alle schauten ihn an, nur Friedrich schaute auf seine Hände.

»Man sagt, Juden sind hinterlistig! Wen wundert das? Jemand, der immer fürchten muss, verfolgt zu werden, muss sehr stark sein, wenn er dabei ein offener Mensch bleiben will.

Man behauptet, die Juden betrügen und denken nur an Geld. Müssen sie das nicht tun? Immer wieder hat man ihnen alles genommen, was sie besaßen. Sie haben erfahren, dass Geld das einzige Mittel ist, mit dem sie im Notfall ihr Leben retten können.

---

1 **der Messias:** rettet die Menschen im religiösen Sinn
2 **quälen:** Menschen oder Tieren mit Absicht weh tun, weil man sehen will, wie sie leiden

Die Juden sind tüchtig[1]! Da müssen selbst die schlimmsten Judenfeinde zustimmen. Weil sie fleißig waren, schafften die Juden es, anerkannt zu werden. Viele große Wissenschaftler und Künstler waren und sind Juden.

Wenn ihr heute oder morgen erlebt, wie man Juden nicht akzeptiert, dann denkt daran: Juden sind Menschen, Menschen wie wir!«

Dann fragte Lehrer Neudorf nach einer Pause: »Nun wollt ihr sicher wissen, warum ich euch dies alles erzählt habe?«

Er stellte sich neben Friedrichs Platz und legte Friedrich seine Hand auf die Schulter.

»Einer von euch muss unsere Schule verlassen. Friedrich Schneider muss in eine jüdische Schule wechseln, weil er Jude ist. Wenn Friedrich in eine jüdische Schule muss, dann ist das keine Bestrafung, sondern nur eine Veränderung. Ich hoffe, ihr versteht das und bleibt Friedrichs Freunde, so wie ich sein Freund bleibe, wenn er auch nicht mehr in meine Klasse geht. Vielleicht wird Friedrich gute Freunde brauchen.«

Lehrer Neudorf drehte Friedrich so, dass er ihn anschauen musste. »Ich wünsche dir alles Gute, Friedrich«, sagte der Lehrer, »und auf Wiedersehen!«

Friedrich antwortete leise: »Auf Wiedersehen!«

Lehrer Neudorf hob den rechten Arm und grüßte die Klasse mit: »Heil Hitler![2] «

Wir sprangen auf und grüßten auf die gleiche Weise.

 Übungen

---

1 **tüchtig:** fleißig, gute Leistungen zeigen
2 »**Heil Hitler!**«: Mit dem sogenannten »Deutschen Gruß« begann und endete jeder Unterricht. Der Hitlergruß war Pflicht.

Text 15: Die Reinemachefrau[1] (1935)

Seit Herr Schneider im Kaufhaus Abteilungsleiter war, kam Frau
Penk zu Schneiders. Zweimal in der Woche half sie Frau Schneider
bei der Hausarbeit. Nachdem mein Vater Arbeit gefunden hatte
und eine bessere Position bekommen sollte, weil er in der Partei
war, half Frau Penk auch meiner Mutter.
Frau Penk war sehr fleißig. Sie übernahm so viele Stellen, wie sie
konnte. Am liebsten ging Frau Penk zu Familien mit Kindern,
denn sie selber hatte kein Kind.
Es war an einem Mittwoch im Herbst 1935. Ich machte Hausauf-
gaben und Frau Penk putzte die Fenster. Da klingelte es.
Mutter kam mit Frau Schneider und Friedrich herein. Frau
Schneider wollte mit Frau Penk sprechen.
»Ich wollte zu Ihnen«, sagte Frau Schneider und gab Frau Penk die
Hand. »Ich möchte Sie bitten, am Freitag nicht so früh zu kommen.
Ich muss mit Friedrich zum Arzt. Ist es Ihnen recht?«
Frau Penk sah unglücklich aus. Aus der Schürze hatte sie ihr
Taschentuch genommen und drehte es zwischen den Fingern. Sie
war nervös. Dann sagte sie: »Ich wollte nachher sowieso zu Ihnen
kommen und mit Ihnen sprechen, Frau Schneider.« Sie machte
eine kleine Pause, dann sagte sie: »Wissen Sie, Frau Schneider, Sie
müssen das verstehen … Mein Mann meint … Ich habe wirklich
gern bei Ihnen gearbeitet … Ich habe Friedrich doch so gern …«
Frau Schneider bekam einen roten Kopf. Sie schaute nach unten.
Frau Penk hatte Friedrich zu sich gezogen und drückte ihn fest
an sich. Friedrich schaute verständnislos zuerst seine Mutter und
schließlich Frau Penk an.
Da hob Frau Schneider den Kopf, räusperte sich und sagte: »Es
ist gut, Frau Penk. Ich verstehe Sie. Ich bin Ihnen auch nicht böse.
Ich danke Ihnen, dass Sie uns so lange und so gut geholfen haben.
Ich wünsche Ihnen alles Gute!« Sie gab Frau Penk die Hand und
verließ mit Friedrich eilig die Wohnung.

---

1 **die Reinemachfrau:** eine Frau, die die Wohnung für andere Leute reinigt / sauber macht

Als Frau Schneider gegangen war, sagte Mutter: »Ich verstehe gar nichts mehr! Was ist denn los? Wie können Sie eine solche Familie aufgeben?«

Frau Penk drehte Mutter den Rücken zu, putzte weiter am Fenster und sagte: »Was soll ich tun? Glauben Sie, ich habe das gern gemacht? Aber schließlich bin ich erst achtunddreißig.«

Mutter fragte überrascht: »Was hat das denn damit zu tun, dass Sie erst achtunddreißig Jahre alt sind?«

Frau Penk schaute meine Mutter erstaunt[1] an und unterbrach die Arbeit. »Wissen Sie denn noch nichts von dem neuen Gesetz, das die Nazis[2] gemacht haben?«, fragte sie.

»Nein!«

»Juden und Nichtjuden dürfen nicht mehr heiraten«, erklärte Frau Penk. »Alle Ehen zwischen Juden und Nichtjuden werden aufgelöst. Und nichtjüdische Frauen, die jünger als fünfundvierzig sind, dürfen nicht mehr bei Juden im Haus arbeiten.«

»Mein Gott!«, seufzte Mutter.

»Vorige Woche habe ich gesehen«, erzählte Frau Penk, »wie sie eine junge Frau durch die Stadt geführt haben. Um den Hals trug sie ein Schild mit dem Spruch: ›Ich verdiene feste Hiebe[3], weil ich einen Juden liebe!‹«

Mutter schlug die Hände vors Gesicht. »Das ist ja furchtbar!«, klagte sie.

»Glauben Sie, ich möchte auch so durch die Stadt geführt werden oder ins Gefängnis kommen?« Frau Penk schüttelte den Kopf.

»Und was sagt Ihr Mann dazu, Frau Penk?«, fragte Mutter.

»Wissen Sie«, sagte sie leise, »mein Mann war früher Kommunist. Er meint, wir müssen vorsichtig sein.«

 ## Übungen

---

1 **erstaunt:** überrascht
2 **die Nazis:** Kurzwort für Nationalsozialisten
3 **die Hiebe** (Sg. der Hieb): Schläge; wenn jemand schlägt / verletzt

Text 16: Gründe (1936)

Vater kam spät und müde von der Parteiversammlung heim. Zu
Mutter sagte er: »Ich möchte jetzt noch nicht essen.«
Dann nahm er einen Stuhl und stellte ihn auf den Flur neben die
Wohnungstür. Dort las er seine Zeitung. Aber jedes Mal, wenn
er im Haus etwas hörte, öffnete er die Flurtür ein bisschen und
lauschte ins Treppenhaus. Ich beobachtete Vater und überlegte,
was das wohl bedeutet.
Als er Herrn Schneider auf der Treppe hörte, riss Vater die Tür
auf. Er warf die Zeitung auf den Boden und ging ins Treppenhaus.
Herr Schneider kam die Treppe hoch. Friedrich trug seine Tasche.
Erstaunt schauten die beiden meinen Vater an.
»Herr Schneider«, sagte Vater, »darf ich Sie einen Augenblick zu
uns hereinbitten?«
Herr Schneider fragte: »Kann Friedrich mitkommen?«
Vater war einverstanden. Im Wohnzimmer bot er Herrn Schneider
einen Platz am Fenster an. Friedrich und ich spielten in der
Ecke beim Ofen. Vater gab Herrn Schneider eine von den guten
Zigarren¹, er selbst nahm sich eine Zigarette. Die beiden rauchten
still vor sich hin.
Dann fragte Vater: »Herr Schneider, darf ich frei und offen reden?«
Das Gesicht von Herrn Schneider war sehr ernst geworden. »Ich
bitte darum!«, antwortete er. Die Hand mit der Zigarre zitterte
leicht.
Vater schaute auf den Boden, es war ihm unangenehm. Fast flüs-
ternd teilte er Herrn Schneider mit: »Ich bin in die Partei einge-
treten.«
Ebenso leise sagte Herr Schneider: »Ich weiß.«
Überrascht hob Vater den Kopf.
»Ihr Sohn hat es mir verraten«, ergänzte Herr Schneider. Seine
Stimme klang traurig. »Und ich konnte es mir auch denken.«

---

1 **die Zigarren** (Sg. die Zigarre): dicker und teurer als Zigaretten

Ärgerlich schaute Vater zu mir herüber. Leise sagte er: »Sie müssen das verstehen, Herr Schneider. Ich war lange arbeitslos. Seit Hitler an der Macht ist, habe ich wieder Arbeit, bessere Arbeit, als ich gehofft hatte. Es geht uns gut.«

Herr Schneider beruhigte meinen Vater: »Sie müssen sich nicht entschuldigen, wirklich nicht!«

Aber Vater wollte weiterreden: »In diesem Jahr können wir zum ersten Mal alle zusammen eine Urlaubsreise mit ›Kraft durch Freude‹[1] machen. Man hat mir eine gute Stelle angeboten, weil ich in der Partei bin. Herr Schneider, ich bin Mitglied der NSDAP geworden, weil ich glaube, dass es für meine Familie ein Vorteil ist.«

Herr Schneider unterbrach meinen Vater: »Ich verstehe Sie sehr gut. Wenn ich nicht Jude wäre, hätte ich vielleicht genauso gehandelt wie Sie. Aber – ich bin Jude.«

Vater nahm eine neue Zigarette. »Ich stimme der Partei nicht in allem zu, was sie fordert und tut. Aber hat nicht jede Partei und jede Führung ihre Schattenseiten?«

Herr Schneider lächelte traurig: »Und leider stehe dieses Mal ich im Schatten.«

»Darüber wollte ich mit Ihnen reden, Herr Schneider«, sagte Vater.

Herr Schneider schwieg, aber er schien nicht mehr nervös zu sein. Wir spielten schon lange nicht mehr, wir hörten zu. Ich verstand zwar nicht alles, aber ich spürte den Ernst, mit dem sie redeten.

»Wissen Sie, Herr Schneider«, begann mein Vater wieder, »ich war heute Nachmittag auf einer Parteiversammlung. Dort erfährt man viel über die Pläne und Absichten der Führung. Und wenn man gut zuhört, kann man sich auch eine ganze Menge denken. Ich möchte Sie fragen, Herr Schneider: Warum bleiben Sie mit Ihrer Familie noch hier?«

Herr Schneider lächelte erstaunt.

Aber Vater redete weiter: »Viele Juden haben Deutschland bereits verlassen, weil man ihnen das Leben zu schwer gemacht hat.

---

1 **Kraft durch Freude:** Organisation der Nazis, die Arbeitern Urlaub und Reisen ermöglichte, auch wenn sie es sich nicht leisten konnten

Und das wird nicht aufhören, das wird noch schlimmer werden. Denken Sie an Ihre Familie, Herr Schneider, gehen Sie fort!«

Herr Schneider reichte meinem Vater die Hand. »Ich danke Ihnen, dass Sie so offen mit mir sind«, sagte er. »Ich schätze das sehr. Sehen Sie, auch ich habe mir schon überlegt, ob es nicht besser wäre, aus Deutschland zu fliehen. Dagegen sprechen zwei Gründe.«

Mein Vater unterbrach Herrn Schneider und war ganz aufgeregt: »Alles, alles spricht dafür, dass Sie besser heute als morgen gehen. Verstehen Sie doch, Herr Schneider!«

»Hören Sie meine Gründe«, bat Herr Schneider, »ich bin Deutscher, meine Frau ist Deutsche, mein Sohn ist Deutscher, alle unsere Verwandten sind Deutsche. Was sollen wir im Ausland? Glauben Sie wirklich, dass man uns Juden anderswo lieber sieht? Und es wird sich auf die Dauer beruhigen. Seit das Olympische Jahr angefangen hat, lässt man uns fast in Ruhe, finden Sie nicht?«

Vater hörte Herrn Schneider zu und schüttelte dabei den Kopf.

»Seit zweitausend Jahren gibt es Vorurteile[1] gegen uns«, erklärte Herr Schneider. »Niemand darf erwarten, dass diese Vorurteile in einem halben Jahrhundert friedlichen Zusammenlebens verschwinden. Wir Juden müssen das akzeptieren. Im Mittelalter[2] waren diese Vorurteile noch eine Gefahr für unser Leben. Inzwischen sind die Menschen aber doch wohl vernünftiger geworden.«

Vater war aufgeregt: »Sie reden, als ob Sie sich bloß vor einer kleinen Gruppe schlecht gelaunter Judenhasser fürchten müssen. Ihr Gegner ist ein Staat!«

»Das ist doch unser Glück!«, antwortete Herr Schneider. »Man wird manche Freiheiten nehmen, man wird uns vielleicht ungerecht behandeln, aber wir brauchen wenigstens nicht zu fürchten, dass wilde Volksmassen[3] uns ermorden.«

Vater konnte Herrn Schneider nicht verstehen: »Unfreiheit und Unrecht wollen Sie einfach so akzeptieren?«

---

1 **die Vorurteile** (Sg. das Vorurteil): subjektive, schnelle und oft feindliche Urteile über Menschen, ohne sie richtig / selbst zu kennen
2 **das Mittelalter:** in der europäischen Kultur: die Zeit zwischen dem 6. und 15. Jh.
3 **die Volksmassen:** sehr große Menge von Mitgliedern eines Volkes

Herr Schneider sprach ruhig und sicher: »Gott hat uns Juden eine
Aufgabe gestellt. Wir müssen sie erfüllen. Immer sind wir verfolgt
worden, seit wir unsere Heimat verlassen haben. Vielleicht können
wir das Wandern beenden, wenn wir nicht mehr fliehen, wenn wir
lernen zu dulden[1], wenn wir da bleiben, wo wir sind.«   5
Vater sagte: »Ich bewundere Ihr Vertrauen, Herr Schneider, aber
ich kann es nicht teilen. Ich rate Ihnen: Gehen Sie fort!«
Herr Schneider stand auf: »Was Sie denken, kann im zwanzigsten
Jahrhundert nicht sein! – Aber ich danke Ihnen dafür, dass Sie so
offen sind und sich Sorgen um uns machen.«   10
Herr Schneider schüttelte Vaters Hand. Dann winkte er Friedrich
zu sich. Im Flur sagte Herr Schneider ganz leise zu Vater: »Und
wenn Sie doch recht haben, darf ich Sie um eines bitten?«
Vater nickte schweigend. »Wenn mir doch etwas passiert, kümmern
Sie sich bitte um meine Frau und meinen Jungen!«   15
Vater drückte Herrn Schneiders Hand fest.

 Übungen

Text 17: Im Schwimmbad (1938)

Es war heiß. Wir hatten uns verabredet. Außerhalb der Stadt, wo
der Wald anfing, wollten wir uns treffen und gemeinsam zum   20
Waldbad fahren. Mutter hatte mir ihr Fahrrad geliehen. Es war
nicht schön, aber es fuhr noch sehr gut. Friedrich kam mit seinem
neuen blauen Rad. Er hatte es sogar geputzt. Auf dem Weg zum
Waldbad sangen wir. Friedrich fuhr freihändig[2], sodass das Rad
von einem Wegrand zum anderen fuhr.   25
Plötzlich kam uns ein Mann mit einem silbernen Rad entgegen,
das in der Sonne noch mehr glänzte[3] als Friedrichs Rad. Der
andere Radfahrer hatte es sehr eilig, obwohl es so heiß war. Er

---

1 **dulden:** nichts dagegen tun und akzeptieren, dass man leiden muss
2 **freihändig:** ohne sich festzuhalten
3 **glänzen:** es ist sehr hell; wenn etwas glänzt, wird das Licht reflektiert

war noch weit weg, aber er klingelte schon, weil Friedrich noch
immer zwischen den Wegseiten hin- und herfuhr. Friedrich zwang
den Mann zu bremsen. Das tat er auch und schimpfte dabei laut.
Im letzten Augenblick fuhr Friedrich auf seine Seite. Der andere
Radfahrer fuhr noch schneller über den Waldweg davon.
Im Waldschwimmbad schlossen wir unsere Fahrräder an einen
Baum. Als wir die Badehose angezogen hatten, gaben wir unsere
Kleidung ab und erhielten dafür ein Armband[1] mit einer Nummer.
Friedrich band es sich um den Fuß und sprang ins Wasser. Er
konnte besser schwimmen als ich und war ein guter Taucher.
Bis zum späten Nachmittag waren wir im Wasser oder lagen in der
Sonne. Als ich auf die große Uhr über dem Eingang schaute, sah
ich, dass es schon spät war. Wir wollten unsere Kleider abholen
– da vermisste Friedrich sein Armband mit der Nummer. Er lief
zurück und tauchte über den Boden des Schwimmbads, aber das
Armband fand er nicht. Er stellte sich zu den anderen Leuten, die
auf ihre Sachen warteten.
Der Bademeister[2] hatte viel zu tun und so dauerte es lange, bis alle
ihre Sachen hatten. Ich erhielt den Bügel[3] mit meinen Sachen und
zog mich schnell an. Als ich aus der Kabine kam, stand Friedrich
noch immer in der Reihe.
Endlich war er dran. Der Bademeister schimpfte, als er hörte,
was geschehen war. Aber er ließ Friedrich durch die Absperrung[4] gehen. Nass und frierend suchte Friedrich mit dem schlecht
gelaunten Bademeister seine Sachen. Als er endlich seine Sachen
fand, trug der Bademeister seinen Bügel bis zur Absperrung und
hängte dort alles auf. Friedrich schickte er nach draußen.
»Wie heißt du?«, fragte er ihn.
»Friedrich Schneider«, antwortete Friedrich.
»Wo ist dein Ausweis?«, wollte der Bademeister wissen.
»In der rechten hinteren Hosentasche«, erklärte Friedrich.

---

1 **das Armband:** man trägt es rund um den Arm über der Hand, z. B. eine Art Kette
2 **der Bademeister:** passt auf, dass im Schwimmbad alles nach Vorschrift läuft
3 **der Bügel:** auf den Bügel hängt man Kleidung
4 **die Absperrung:** ein Bereich, der zu ist, aber leicht geöffnet werden kann

Der Bademeister nahm den Ausweis und sah ihn sich genau an.
Friedrich stand noch immer frierend vor der Absperrung. Er schaute auf den Boden. Es war ihm unangenehm.
Auf einmal pfiff[1] der Bademeister laut. Von der anderen Seite kam die Bademeisterin gerannt.
»Guck dir das an!«, sagte der Bademeister. »So etwas siehst du nicht mehr oft.« Alle konnten zuhören, wie er laut erklärte: »Das ist einer von den Judenausweisen. Der da hat mich belogen. Er behauptet, er heißt Friedrich Schneider – Friedrich Israel Schneider muss er sich nennen. Ein Jude ist er! Ein Jude in unserem Bad!«
Alle, die auf ihre Kleider warteten, schauten Friedrich an. Angewidert[2] warf der Bademeister Friedrichs Ausweis und den Bügel mit seinen Sachen über die Absperrung auf den Boden, sodass alles weit auseinanderflog. »Judensachen zwischen den Kleidern von anständigen[3] Menschen!«, schrie er.
Friedrich nahm seine Kleider.
»Jetzt muss ich mir erst die Hände waschen, ehe ich weiterbediene!«, sagte der Bademeister. Er kam wieder zurück und schimpfte: »Hier kannst du dich nicht anziehen, in unsere Kabinen kommst du nicht rein!«
Hilflos ging Friedrich weg, zog seine Hose über die nasse Badehose und verließ das Bad. Ich hatte die Räder schon losgeschlossen. Friedrich sah mich nicht an. Leise sagte er: »Im Wald ziehe ich mich richtig um.«
Da wurde es hinter uns laut. »Hier hat es gestanden!«, sagte ein großer Junge. »Ich weiß es ganz genau. An dieser Stelle hatte ich es festgemacht. Überall habe ich nachgesehen. Es ist nicht mehr da. Ganz silbern war es, ich hatte es gerade frisch geputzt.«
Viele Neugierige kamen und gaben kluge Ratschläge.
Friedrich ging zu dem großen Jungen. »Du, hör mal«, sagte Friedrich, »ich weiß, wer dein Rad gestohlen hat. Ich habe den Mann gesehen. Ich kann ihn genau beschreiben.«

---

1 **pfeifen** (pfiff): das hört man, wenn man mit spitzem Mund die Atemluft rausdrückt
2 **angewidert:** so unangenehm, dass man körperlich darauf reagiert
3 **anständig:** Menschen, die in der Gesellschaft anerkannt und gut sind

Alle schauten Friedrich an. Der Junge ging einen Schritt auf Friedrich zu. »Sag mal«, fragte er, »du bist doch der Jude von vorhin da drinnen?«

Friedrich wurde rot und schaute auf den Boden.

»Denkst du denn, wenn du das der Polizei erzählst, die glauben dir?«, sagte der Junge.

 ## Übungen

Text 18: Das Fest (1938)

Ich war mitgegangen, obwohl mich Vater gebeten hatte: »Zeig dich nicht mehr so oft mit Schneiders Sohn auf der Straße, ich habe sonst Schwierigkeiten.«

Nun standen wir im großen Raum der Synagoge, Herr Schneider, Friedrich und ich. Friedrich und sein Vater trugen ihre besten Anzüge, ich hatte nur meine Alltagskleidung an.

Männer mit Hüten setzten sich auf die Bank vor uns. Sie schüttelten uns die Hände und wünschten uns »Schabbes«[1]. Für Friedrich fanden alle ein freundliches Wort. Unter der Bank gab es kleine Fächer. Friedrich nahm aus seinem Fach einen großen weißen Schal[2] mit Fransen, ein Gebetbuch und sein Gebetskäppchen. Den Schal berührte Friedrich mit den Lippen und legte ihn um.

»Mein Tallith, mein Gebetsmantel«, flüsterte er.

Ein Mann mit einem hohen Hut und einem langen, schwarzen Mantel ging die Stufen mitten im Raum hinunter zu einem Betpult[3], auf dem ein Teppich lag. Dort öffnete er ein dickes Buch von hinten und sprach ein Gebet. Das klang wie Singen. »Unser Rabbiner[4]«, sagte mir Friedrich leise. Dann öffnete auch er sein

---

1 **der Schabbes:** jiddisch für »Sabbat«, was dem Wunsch »frohes Wochenende« entspricht
2 **der Schal:** hier: ein langes, großes Stück Stoff, das man um die Schultern trägt
3 **das Betpult:** hoher, kleiner Tisch mit einer Fläche für das Gebetbuch
4 **der Rabbiner:** jüdischer Lehrer für die Thora, die jüdische Religion; siehe auch S. 87

Gebetbuch und betete ebenfalls hebräisch. Ich staunte. Woher konnte Friedrich so gut Hebräisch? Er war wie einer von den vielen Erwachsenen hier.

Der Rabbiner betete bei der Ostwand, vor der ein roter Vorhang[1] hing, und machte die ganze Zeit kleine Verbeugungen. Auf dem Vorhang gab es goldene, hebräische Schriftzeichen. Sonst gab es im ganzen Raum kein Bild, keinen Schmuck, nur den großen Leuchter mit Kerzen. Oben auf einer Seite der Synagoge waren die Frauen und schauten zu.

Alle sangen jetzt mit dem Rabbiner. Der rote Vorhang wurde geöffnet. Dahinter war eine kleine Tür in der Wand. Der Rabbiner öffnete die Tür. »Die Thora«, erklärte mir Friedrich.

Über der Thora war ein Thoramantel. Auf dem Stoff sah man eine silberne Krone[2] und ein silbernes Schild.

Dann trug der Rabbiner die schwere Thora durch den Raum. Überall, wo er vorbeikam, führten die Männer und Jungen ihren Tallith an die Thora und dann zu den Lippen.

»Jetzt kommt die Überraschung!«, verriet mir Friedrich. Er war sehr aufgeregt.

Krone, Schild und Thoramantel wurden entfernt. Auf dem Pult lag jetzt ein handgeschriebener Text. Der Rabbiner lud sieben Männer an sein Betpult ein. Der letzte war Friedrich.

Herr Schneider legte Friedrich beide Hände auf die Schultern und schaute ihm in die Augen. Dann schickte er ihn zum Rabbiner.

»Es ist zum ersten Mal in seinem Leben, dass er aus der Thora liest«, sagte Herr Schneider stolz zu mir.

Wie die anderen berührte auch Friedrich die Thorastelle, die der Rabbiner ihm zeigte, mit dem Tallith und küsste ihn. Er führte einen silbernen Stift von rechts nach links die Zeilen entlang und sang seinen Thora-Abschnitt allein. Danach berührte er die letzte Stelle wieder mit seinem Tallith und den dann mit dem Mund.

Während die Thora wieder ihren Mantel bekam, las Friedrich aus einem dicken Buch. Dann kam er zu uns zurück.

---

1 **der Vorhang:** Stoff vor etwas, um es zu verstecken / zu schützen; oft vor dem Fenster
2 **die Krone:** Könige und Königinnen tragen Kronen auf dem Kopf

Der Rabbiner ging wieder mit der Thora durch den Raum. Und
wieder gingen alle zur Thora. Dann brachte der Rabbiner die
Thora zurück an ihren Platz, betete und verschloss die kleine Tür.
Danach hielt der Rabbiner eine Predigt[1] nur für Friedrich. Und
zum ersten Mal, seit ich hier war, redete er deutsch.
»Heute, eine Woche nach deinem dreizehnten Geburtstag«, sagte
der Rabbiner, »hast du zum ersten Mal in deinem Leben in der
Synagoge einen Abschnitt aus der Thora vorgelesen. Der Tag, an
dem dies zum ersten Mal geschieht, ist ein besonderer Tag. Damit
beginnt ein neuer Abschnitt deines Lebens. Bis heute hatte dein
Vater die Verantwortung für dich. Aber ab sofort bist du allein
für dein Tun verantwortlich. Beachte die Gebote des Herrn[2]! In
einer schweren Zeit übernimmst du eine schwere Pflicht. Wir
sind ausgewählt, vom Messias in unsere Heimat zurückgeführt zu
werden. Aber es ist unser Schicksal[3] und Gottes Wille, dass wir bis
zu diesem Tage verfolgt werden. Das können wir nicht vermeiden.
Die heilige Thora fordert …«, und der Rabbiner beendete seine
Predigt mit einem Satz in hebräischer Sprache. Am Ende sangen
alle gemeinsam ein Lied.
Ich wartete mit Friedrich und seinem Vater vor der Synagoge. Alle
Männer beglückwünschten Friedrich. Man konnte sehen, wie stolz
er war. Als auch die Frauen die Synagoge verlassen hatten, gingen
wir zusammen mit Verwandten und Bekannten nach Hause.
Dort empfing uns Frau Schneider und brachte alle in das Wohnzimmer, wo sie ein Festessen vorbereitet hatte.
Bevor wir aßen, hielt Friedrich eine Rede, wie ein Erwachsener. Er
dankte seinen Eltern und allen, die bei der Erziehung im Sinne des
jüdischen Glaubens geholfen hatten. Er versprach, in der Zukunft
gut und richtig zu handeln. Am Ende wünschte er seinen Eltern
und Verwandten, dass der Herr ihnen einhundertundzwanzig

---

1 **die Predigt:** religiöse Rede in der Kirche
2 **der Herr:** Synonym für Gott
3 **das Schicksal:** eine höhere Autorität; Gott entscheidet über unser Leben, der Mensch selbst
hat keinen Einfluss

Jahre gesundes und frohes Leben schenkt, damit er die Zeit findet, seinen Dank zu zeigen.

Frau Schneider weinte. Herr Schneider blickte vor sich auf den Boden. Als Friedrich endete, klatschten[1] alle.

Von seinem Vater bekam Friedrich eine Armbanduhr und auch die anderen Gäste brachten Geschenke.

»Du«, fragte ich Friedrich leise, »woher kannst du das alles, das Hebräische und die Rede?«

Friedrich lächelte stolz: »Gelernt! Meinen Thora-Abschnitt und die Rede habe ich fast drei Monate üben müssen.«

Ich staunte.

Friedrich genoss meine Reaktion. »Soll ich dir sagen, was Friedrich auf Hebräisch heißt?«, fragte er mich.

Ich nickte.

»Salomon!«, verriet Friedrich lachend.

Als wir aßen, klingelte es. »Wer kommt denn jetzt noch?«, fragte Frau Schneider erschreckt.

Es war Lehrer Neudorf. Er wünschte Friedrich zu seinem Festtag alles Gute. Dann schenkte er ihm einen Füller[2]. Auf der Kappe[3] stand in Goldbuchstaben Friedrichs Name.

 Übungen

---

1 **klatschen:** beide Hände oft, laut und stark zusammenschlagen, wenn einem etwas gefällt; applaudieren
2 **der Füller:** Schreibgerät; vorne ist ein Teil aus Metall, mit dem man schreibt und aus dem flüssige Tinte kommt
3 **die Kappe:** wird oben auf etwas gesteckt oder gelegt, um zu schützen

Text 19: Begegnung (1938)

Unser Sportlehrer hieß Schuster. Er war auch SA-Führer[1] und
schon im Krieg von 1914 bis 1918 gewesen. Alle hatten Angst vor
ihm, weil er so streng war. Wenn sich jemand zu langsam umklei-
dete, musste er Turnübungen[2] machen, bis er nicht mehr konnte.
Lehrer Schuster ließ uns oft marschieren.
Eines Tages kam er vor der Turnstunde in unsere Klasse. »Die
Pause fällt heute aus!«, kündigte er an. »Frische Luft bekommt ihr
heute noch genug, wir machen einen Gewaltmarsch[3].«
Unsere Gesichter wurden lang. Aber niemand widersprach, auch
nicht Karl. Er hatte sich in der letzten Turnstunde den Fuß verletzt.
»Macht eure Taschen und Ranzen[4] leer!«, befahl Schuster.
Wir machten es. Danach mussten wir schnell auf den Schulhof
rennen und mit Taschen und Ranzen in einer Linie antreten[5].
Als wir im Schulhof ankamen, stand Lehrer Schuster schon unten.
»Angetreten, habe ich gesagt!«, schrie er uns an.
»Das heißt ›Stillgestanden‹!« Er schrie: »Alles an die Mauer!«
Wir rannten zur Mauer. Aber bevor wir sie erreicht hatten, rief
er »Achtung!« und wir standen wieder. Wir mussten dann wieder
antreten und zur Mauer laufen und wieder antreten. Dann ging es
in einer Reihe zum Eingang der Turnhalle. Bei der Turnhalle lagen
Ziegelsteine[6], die ein Bauunternehmen vergessen hatte. Diese
Steine füllte Lehrer Schuster in unsere Ranzen und Taschen.
»Meine Tasche ist größer als die der anderen«, sagte Franz, »die
anderen haben nur zwei Steine bekommen!«, beklagte er sich, als
Schuster ihm drei Steine einpackte. Der Lehrer legte ihm noch
einen Stein dazu.

1 **der SA-Führer:** die SA (Sturmabteilung) war bis 1926 eine Kampforganisation, die von der
NSDAP unabhängig war, danach war Hitler der Führer der SA
2 **die Turnübungen** (Sg. die Turnübung): Übungen in der Sportstunde
3 **der Gewaltmarsch:** militärischer Marsch; schnell und weit laufen ohne Pausen
4 **der Ranzen:** eine Tasche für Schulsachen, die Schüler auf dem Rücken tragen
5 **antreten:** sich in einer bestimmten Ordnung aufstellen / hinstellen
6 **die Ziegelsteine** (Sg. der Ziegelstein): Steine zum Bauen von Mauern

Die Taschenbesitzer gaben den Ranzenträgern immer das Gefühl, dass sie was Besseres sind. Aber jetzt hätten sie lieber einen Ranzen auf dem Rücken gehabt.

Wir marschierten los. Da, wo die Eltern noch zuschauen konnten, ließ Schuster uns ein Lied singen, in dem es um die schlimmen Juden ging. Und dass der Führer den Menschen in Deutschland wieder Hoffnung gab.

Mit den schweren Steinen im Gepäck konnten wir beim Singen kaum noch atmen. Wir marschierten um die halbe Stadt. Nach eineinhalb[1] Stunden gingen wir erschöpft zur Schule zurück. Franz musste seine schwere Tasche auf der Schulter tragen. Sie war kaputt. Karl mit seinem verletzten Fuß musste unterwegs weinend aufgeben. Wir Übrigen konnten kaum noch gerade gehen.

Nur Lehrer Schuster marschierte gerade und ohne Mühe an unserer Seite. Er grinste böse, wenn er sah, dass einer kaum laufen konnte.

Da begegnete uns eine andere Schulklasse. Wir entdeckten Friedrich. Es war eine Klasse der jüdischen Schule.

Auch Lehrer Schuster hatte Friedrich gesehen. »Jungens«, sagte er. »jetzt wollen wir denen da drüben einmal zeigen, was deutsche Jungens sind und was wir können. Ihr werdet doch diesen minderwertigen[2] Juden gegenüber keine Schwäche zeigen. Ich erwarte von euch Haltung[3]! Verstanden?«

Wir nahmen unsere letzte Kraft zusammen.

Lehrer Schuster befahl ein Lied. Mit starren Augen und schweren Steinen marschierten wir ganz gerade an der jüdischen Klasse vorbei und sangen laut: »Krumme[4] Juden ziehn dahin, daher; sie ziehn durchs Rote Meer. Die Wellen[5] schlagen zu, die Welt hat Ruh!«

 Übungen

---

1 **eineinhalb:** eine und eine halbe; hier: 1,5 Schulstunden
2 **minderwertig:** etwas oder jemand ist nicht sehr viel wert
3 **die Haltung:** *hier:* Stärke zeigen, im Sinn von Disziplin,
4 **krumm:** nicht gerade
5 **die Wellen** (Sg. die Welle): gibt es im Meer; das Wasser hebt sich und sinkt wieder

Text 20: Der Pogrom[1] (1938)

Gegen ein Uhr kam ich aus der Schule. Bei Dr. Askenase lag das
Namensschild vor der Tür. Ein Fenster hing nur noch an einer
Stelle an der Mauer. Jemand hatte alle Arztinstrumente auf die
Straße geworfen. Kaputte Medizinflaschen lagen herum. Es stank.
Im Kanal steckte ein zerstörtes Radio.
Schon von Weitem konnte ich sehen, dass beim Schreibwarenge-
schäft von Abraham Rosenthal Glassplitter[2] bis fast zur Fahrbahn-
mitte verteilt waren. Auf dem Gehsteig lagen Verkaufstische und
kaputte Regale. Einige Erwachsene schoben mit den Füßen die
Sachen auf dem Boden hin und her. Manchmal hoben sie schnell
etwas auf und ließen es in der Tasche verschwinden.
Ich schaute in den kleinen Kellerladen hinein. An den Wänden
hingen nur noch Tapetenfetzen[3]. Bis zu den Knien lag der Boden
voll mit zerstörten Schreibwaren.
An der nächsten Ecke sah ich eine Gruppe von fünf Männern und
drei Frauen. In der Hand hatten sie lange Stangen aus Metall. Sie
gingen zum jüdischen Lehrlingsheim. Viele Neugierige folgten.
»Das war auch nötig, dass sie es denen einmal geben«, sagte ein
kleiner Mann mit Brille. »Die haben es schon lange verdient.«
Auch ich ging mit.
»Heute wirst du etwas erleben, Junge«, sagte der kleine Mann.
»Davon kannst du deinen Enkeln noch erzählen.«
Vor dem jüdischen Lehrlingshaus hielt die Gruppe an. Zuerst
standen alle nur so herum. Schließlich brüllte einer der Männer:
»Aufmachen!«
Aber nichts bewegte sich. Das Haus lag tot da. Noch ein zweites
Mal brüllte der Mann seinen Befehl. Ich war ganz aufgeregt. Nichts
geschah.

---

1 **der Pogrom**: Gewalt gegen Juden und Zerstörung von Synagogen und Geschäften; S. 88
2 **die Glassplitter** (Sg. der Splitter): sehr kleine Scherben / Glasstückchen
3 **die Tapetenfetzen** (Sg. der Fetzen): abgerissene Stücke von Papier; Tapeten kleben an den
Wänden, damit der Raum schöner aussieht

Eine von den Frauen schimpfte über das Judenhaus. Ich konnte nicht verstehen, was sie wollte, weil ihre Stimme so schrill klang. Der Mann wollte die schwere Tür öffnen, aber sie war zu. Er nahm Anlauf[1] und warf sich mit dem Rücken gegen die Tür – Nichts! Mehrere Männer aus der Gruppe stürzten sich gleichzeitig auf die Tür. Auch die Frauen halfen. Die Schimpferin von vorhin blieb stehen. Sie schrie immer wieder »Hau – ruck[2] – Hau – ruck«. Auch andere Leute riefen nun »Hau – ruck«. Ich merkte, dass auch ich »Hau – ruck« rief. Und ich kam der Gruppe immer näher. Auf einmal schob ich mit und wusste nicht, wie ich dorthin gekommen war. Alle machten mit.

Als die Tür schließlich in Stücke brach, drückten alle Leute mit Kraft ins Haus. Auch mich riss es mit. Als ich drinnen zum ersten Mal stehen blieb, hörte ich Lärm. Während ich mit meiner Schultasche die Treppe hochstieg, fielen neben mir Möbel durch das Treppenhaus und gingen unten kaputt.

Das alles war so seltsam aufregend. Niemand verhinderte die Zerstörung. Von den Hausbewohnern war keiner zu sehen: leere Flure, leere Räume.

In einem Schlafraum schnitt die Schimpferin mit einem Messer Matratzen[3] auf. »Kennst du mich nicht mehr?«, brüllte sie lachend: »Jeden Morgen bringe ich euch die Zeitung!«

Sie warf die Matratze aus dem Fenster. »Komm, hilf mir!«, forderte sie mich auf.

Ein älterer Mann nahm Werkzeug aus einem Schrank und füllte seine Taschen damit. Mir drückte er einen ganz neuen Hammer in die Hand. Zuerst spielte ich nur mit dem Hammer. Dabei stieß ich an die Scheibe eines Bücherschranks. Es klirrte, sie war kaputt. Ich erschrak. Aber dann klopfte ich leicht gegen eine geplatzte[4] Scheibe, laut fiel sie zu Boden. Nun machte es mir Spaß. Gegen die dritte Scheibe schlug ich so fest, dass die Splitter spritzten. Mit dem

---

1 **der Anlauf:** schnell auf etwas zulaufen; schnell laufen, bevor man etwas macht
2 **hau-ruck:** rhythmisches Kommando, wenn man zusammen etwas mit Kraft bewegen will
3 **die Matratzen** (Sg. die Matratze): liegt auf dem Bett, sodass man bequem liegt
4 **platzen:** hier: die Scheibe ist gerissen, sodass sie leicht in viele Stücke zerfallen kann

Hammer ging ich durch die Flure. Ich schlug auf alles, was mir im Weg war: Stuhlbeine, Schränke, Glas. Ich fühlte mich so stark! Ich hätte singen können, so eine Lust fühlte ich dabei, wenn ich mit meinem Hammer zuschlug.

5 Ich fand die Tür zu einem kleinen Unterrichtsraum, in dem vor mir noch niemand gewesen war. Neugierig schaute ich mich um. Am liebsten hätte ich dabei geschrien.

Ich schlug mit dem Hammer auf den Tischen herum und schaute in alle Schränke und Fächer im Raum. Aber ich entdeckte nichts.

10 Enttäuscht wollte ich den Raum verlassen. Aber dann sah ich an der Wand eine große Schultafel. Ich warf den Hammer gegen die Tafel. Er traf sie in der Mitte. Der Kopf blieb stecken und der helle Stiel des Hammers schaute aus der schwarzen Fläche heraus. Auf einmal fühlte ich mich müde und ekelte[1] mich. Ich lief heim.

15 Mutter wartete schon. Sie schaute mich an, sagte aber nichts. Sie holte die Suppe und ich begann zu essen.

In diesem Augenblick brüllten Leute vor unserem Haus herum. Mit Gewalt wurde die Tür aufgestoßen. Herr Resch schimpfte. Laut stiegen viele Menschen die Treppe hoch, an unserer Tür

20 vorbei, höher. Schneiders Tür brach auf.

»Was ist das?«, fragte Mutter blass und zittrig. »Wir müssen die Polizei rufen!«

»Die Polizei tut nichts, sie schaut zu«, sagte ich.

Wir hörten einen Schrei – Frau Schneider!

25 Etwas fiel auf den Boden. Eine Männerstimme fluchte[2].

Friedrich brüllte, dann weinte er verzweifelt[3]. Ich rannte zur Tür.

»Bleib hier!«, bat Mutter mit weinerlicher Stimme.

Ich rannte die Treppe hoch. Schneiders Tür war kaputt. In der Küche lag Frau Schneider mit blauen Lippen schwer atmend auf

30 dem Fußboden. Friedrich hatte eine Beule[4] am Kopf. Er beugte

---

1 **sich ekeln:** so unangenehm, dass der Person schlecht wird
2 **fluchen:** wütend schimpfen, Schimpfwörter benutzen
3 **verzweifelt:** ohne Hoffnung sein, keine Lösung sehen
4 **die Beule:** sich stoßen oder geschlagen werden, sodass die Haut sehr dick wird

sich über seine Mutter. Flüsternd sprach er mit ihr. Mich bemerkte
er gar nicht.
Ein Mann stieg über Frau Schneiders Füße, ohne hinzuschauen.
Er warf einen Kasten mit Besteck[1] aus dem Fenster. Im Wohnzimmer machte eine Frau Teller kaputt. »Meißner [2]!«, nickte sie
anerkennend, als sie mich sah. Eine andere zerstörte alle Bilder in
der Wohnung. Neben Herrn Schneiders Bücherschrank stand ein
riesiger Mann. Jedes Buch riss er in der Mitte auseinander. »Mach
das mal nach!«, lachte er stolz.
In Friedrichs Zimmer versuchte ein Mann, das Bett durch das
Fenster zu schieben. »Komm«, forderte er mich auf, »hilf mir!«
Leise ging ich wieder hinunter. Mutter zog mich ängstlich in die
Wohnung. Wir stellten uns schweigend ans Fenster und schauten
auf die Straße. Über uns war es noch immer sehr laut.
»Juda verrecke[3]!«, schrie unsere Zeitungsfrau draußen.
Ein Sessel fiel in die Rosenpflanzen im Garten.
Da begann Mutter laut zu weinen. Ich weinte mit.

 Übungen

Text 21: Der Tod (1938)

Mutter und ich wurden wach. Mutter weckte Vater. »Was ist denn
los?«, fragte er. »Jemand hat an unsere Tür geklopft«, sagte Mutter
ängstlich. »Du hast sicher geträumt«, beruhigte Vater sie.
Jetzt klopfte es wieder leise an unsere Wohnungstür.
Sofort sprang Vater aus dem Bett: »Wie spät ist es?« Mutter schaute
auf den Wecker: »Halb zwei.«
Vater schlurfte[4] zur Tür, ohne Licht zu machen. Draußen im
Dunkeln stand völlig angezogen Herr Schneider.

---

1 **das Besteck:** Oberbegriff für Messer, Gabel, Löffel
2 **Meißner:** Name einer Markenfirma für gutes, teures Geschirr
3 **Juda verrecke:** also »Juda stirb!« schrien Nazis in der Pogromnacht; in der Bibel steht, dass
Juda Jesus verraten hat und deshalb sterben musste
4 **schlurfen:** man hört jemanden laufen, weil die Person die Füße nicht vom Boden hebt

»Verzeihen Sie«, flüsterte er, »meiner Frau geht es sehr schlecht.
Wir haben kein Licht. Das Licht der Kerze ist zu schwach. Können
Sie uns bitte eine Lampe leihen?«
Vater öffnete die Tür. »Selbstverständlich, Herr Schneider!«, sagte
5   er und gab ihm eine Lampe aus dem Wohnzimmer. Herr Schneider
bedankte sich. »Es tut mir sehr leid, dass ich Sie in der Nacht stören
musste.« Vater schüttelte den Kopf. »Ist schon gut!«
Leise schloss er die Tür und ging wieder zu Bett.
»Vielleicht sollte ich mich um Frau Schneider kümmern«, sagte
10 Mutter. Aber dann legte sie sich doch wieder hin.
Es klopfte wieder. Diesmal öffnete Vater gleich die Tür. Herr
Schneider brachte einen Herrn mit. »Das ist Dr. Levy«, stellte er
vor. »Wir haben eine Bitte.« Dann sagte der Arzt: »Ich muss Frau
Schneider eine Spritze geben. Diese hier habe ich heute Nach-
15 mittag im Schmutz wiedergefunden und konnte sie noch nicht
auskochen[1]. Bei Schneiders kann man nicht mehr kochen.«
Wir zogen uns an. In der Küche kochte Mutter in einem großen
Topf die alte Glasspritze aus. Der Arzt zeigte auf die Spritze und
lächelte. »Das ist die einzige, die ganz geblieben ist.« Als er sah,
20 dass das Wasser noch nicht kochte, bat er: »Ich darf inzwischen
vielleicht schon zur Patientin gehen.«
Mutter nickte. Als das Wasser kochte, nahm sie den Topf vom
Feuer. »Du bringst den elektrischen Heizofen mit!«, befahl sie mir.
Wir gingen zu Schneiders hoch. Eine Tür gab es ja nicht mehr. Wir
25 gingen einfach in die Wohnung. Drinnen war es ganz dunkel. Nur
im Schlafzimmer gab es Licht. Weil alle Türen fehlten, räusperte
Mutter sich.
Herr Schneider führte sie in das Schlafzimmer. Dort sah es
schlimm aus. Teile des früheren Betts lagen auf dem Kleider-
30 schrank. Der Kleiderschrank hatte keine Türen und man sah, dass
es darin nichts mehr gab. An den Wänden standen nur Trümmer[2].
In der Mitte des Fußbodens lagen kaputte Vorhänge und zerris-

---

1 **auskochen:** sterilisieren; etwas lange in Wasser kochen, sodass es keine Bakterien gibt
2 **die Trümmer:** kaputte Dinge und Häuser; Reste von etwas, was vorher ganz war

sene¹ Decken. Dort ruhte Frau Schneider. Unsere Lampe stand am
Boden. Sie schenkte warmes Licht.

»Aber das geht doch nicht!«, rief Mutter entsetzt². »Kommen Sie,
Herr Schneider, wir tragen Ihre Frau in unsere Wohnung!«

»Dafür ist es zu spät«, sagte Dr. Levy leise, während er die Spritze
fertig machte.

Herr Schneider stand im Schatten. Man konnte sein Gesicht nicht
erkennen. Friedrich kniete neben seiner Mutter und gab ihr etwas
aus einer zerbrochenen Tasse.

Mutter gab mir ein Zeichen, dass ich den Heizofen einschalten soll.
Die einzige Steckdose aber war von der Lampe besetzt. Während
Frau Schneider ihre Spritze erhielt, holte ich aus unserer Wohnung
einen Doppelstecker.

Als ich wieder ins Schlafzimmer kam, war Frau Schneider noch
bei Bewusstsein³.

»Bekennen Sie Ihrem Mann Ihre Sünden⁴«, sagte Dr. Levy zu ihr.
Frau Schneider nickte schwach.

Der Arzt führte Friedrich und mich aus dem Zimmer. Mutter
folgte uns.

»Herr Doktor! Friedrich!«, rief Herr Schneider dringend. Sofort
eilten der Arzt und Friedrich ins Schlafzimmer. Mutter und ich
gingen langsam nach.

Von der Tür aus sah ich, dass Dr. Levy auf dem Bauch neben Frau
Schneider lag. Vorsichtig stand er auf. Er setzte seinen Hut auf.

Das Gesicht von Frau Schneider war ganz dunkel. Sie atmete
schnell und kurz. Der Kopf flog hin und her. Sie stöhnte⁵. Ihre
Hände krampften⁶ sich in die Brust.

Dr. Levy betete. Es klang wie ein seltsames Singen. Auch Herr
Schneider und Friedrich setzten ihr Käppchen auf ihren Kopf.

---

1 **zerreißen** (zerriss): kaputt machen, in Stücke reißen
2 **entsetzt:** erschrocken, schockiert
3 **bei Bewusstsein sein:** wach sein; alles was passiert merken, sehen, hören etc.
4 **Sünden bekennen** (Sg. die Sünde): sagen / verraten, was man im Leben falsch gemacht hat,
wann man sich nicht an die Gebote Gottes gehalten hat
5 **stöhnen:** lang und hörbar ausatmen vor Schmerz
6 **krampfen:** die Finger fest in etwas drücken, als körperliche Reaktion auf Schmerz

Dann sangen sie immer wieder: »Gelobt sei der Name seiner Herrlichkeit[1] immer und ewig!«

Zuletzt betete Herr Schneider allein weiter.

Frau Schneider lag jetzt still da. Dr. Levy beugte sich über sie. Als
er aufstand, verstanden wir, dass sie gestorben war. Mit Herrn
Schneider und Friedrich zusammen sang er: »Gelobt seist du,
Richter der Wahrheit!«

In diesem Augenblick stürzte Herr Schneider vor seiner Frau auf
die Knie. Mit beiden Händen zerriss er sein Hemd. Schluchzend
brach er zusammen. Auch Friedrich zerriss sein Hemd. Weinend
warf er sich über die Mutter.

Dr. Levy nahm eine Kerze aus seiner Tasche und machte sie neben
der Toten an.

 Übungen

Text 22: Lampen (1939)

Herr Schneider hatte die Wohnungstür reparieren lassen. Alles
musste er selbst bezahlen, sogar die Rosenpflanzen in Herrn
Reschs Garten.

Ich klingelte. Schlurfende Schritte näherten sich. Misstrauisch
öffnete Herr Schneider die Tür ein Stück. Als er mich erkannte, riss
er mich schnell in die Wohnung. Erst nachdem er die Tür wieder
geschlossen hatte, begrüßte er mich.

»Ich wollte Ihnen nur einen Brief geben, der bei unserer Post war«,
sagte ich.

Herr Schneider nickte. Als er den Brief nahm, zitterten seine
Hände. Sie waren schmutzig. Sein »Danke« war kaum zu verstehen.

Wir standen im Flur. Herr Schneider schaute auf seinen Brief, aber
er öffnete ihn nicht. Ich wäre am liebsten gegangen.

»Ist Friedrich nicht zu Hause?«, erkundigte ich mich.

---

1 **die Herrlichkeit:** gemeint ist: Gott

»Er arbeitet«, antwortete Herr Schneider und führte mich müde in die Küche. Den Brief hielt er noch immer in der Hand.

Die Küche sah aus wie ein Lampengeschäft. Überall lagen, standen, hingen Lampen, auf der einen Seite die schmutzigen, zerbrochenen, auf der anderen glänzende, die fast neu aussahen.

Dazwischen saß Friedrich am Küchentisch. Vor ihm lag ordentlich alles, was man zum Reparieren und Putzen der Lampen brauchte.

»Was machst du denn?«, fragte ich dumm.

»Du siehst doch, wir reparieren Lampen!«, lächelte Friedrich.

Auch Herr Schneider setzte sich wieder an den Tisch und machte mit einem Tuch eine Lampe sauber. Während ich mich mit Friedrich unterhielt, schaute er nicht von seiner Arbeit auf.

»Wenn mein Vater nicht mehr arbeiten darf«, erklärte Friedrich, »dann muss ich ja wohl für uns sorgen. Vater holt von allen Bekannten alte Lampen ab und dann reparieren wir sie wieder.«

Friedrich untersuchte eine Lampe. Wie ein Fachmann überprüfte er alles, reparierte etwas, nickte zufrieden und stellte das Stück weg. Eine Lampe gab er dem Vater zurück. »Die müssen wir noch besser putzen«, sagte er freundlich.

»Unsere Kunden wollen gute Arbeit«, sagte er mir. »Wenn man mit uns zufrieden ist, dann empfiehlt man uns weiter. Je mehr Lampen wir bekommen, desto besser ist es.«

Nach einer Pause fragte er: »Kennst du niemand, für den wir arbeiten könnten? Wir arbeiten billig.«

»Ich werde mich umhören[1]«, sagte ich.

Mir gefiel es nicht in der kalten Küche. Sie war so leer. Herr Schneider und Friedrich waren so anders. Diesen Friedrich kannte ich gar nicht. Ich wollte gehen, da trat ich auf den Brief.

»Herr Schneider, Ihr Brief«, erinnerte ich Friedrichs Vater.

»Gib her!«, forderte Friedrich mich auf.

Und weil Herr Schneider den Brief nicht annahm, gab ich ihn Friedrich. Er riss den Briefumschlag auf. Mit seinen schmutzigen Fingern zog er den Brief heraus und las. Plötzlich wurde sein

---

1 **sich umhören:** Leute fragen, um etwas Bestimmtes zu erfahren

Gesicht ganz anders. Mit großen, hilflosen Augen starrte er seinen Vater an. Verzweifelt sagte er: »Herr Resch hat uns gekündigt.«

Herr Schneider stand auf. Er zog Friedrichs Kopf an sich und strich ihm über das Haar. »Mach dir keine Sorgen, Junge«, sagte er. »Solange er keine andere Wohnung für uns hat, kann uns nichts geschehen.«

Wie ein Kind saß der vierzehnjährige Friedrich hinter dem Küchentisch und weinte.

Herr Schneider brachte mich zur Tür. Er lauschte ins Treppenhaus und drückte mir die Hand. Als ich hinuntergehen wollte, flüsterte er: »Besuche uns bitte bald wieder!«. Und dann, noch leiser: »Verrate uns nicht, sonst nimmt man uns alles weg.«

 Übungen

Text 23: Der Film (1940)

»Jud Süß« stand in großen Buchstaben über dem Eingang. Zu beiden Seiten der Schrift sah man Judenköpfe mit Bart und Schläfenlocken[1]. Der Film lief schon in der achten Woche. Jeder sollte ihn sehen und jeder wollte ihn sehen. Weil der Krieg nur wenige Vergnügen bot, blieb der Film die wichtigste Unterhaltung.

Friedrich wartete auf mich. Man hatte mich in der Hitlerjugend[2] kritisiert, weil ich Kontakt zu einem Juden habe. Seitdem trafen wir uns nur noch an Orten, wo uns niemand sehen würde.

»Ich habe mir die Bilder angeschaut«, sagte Friedrich. »Ich bin froh, dass du mich mitnimmst. Allein hätte ich nicht den Mut.«

Friedrich las die Film-Besprechungen. Ich ging zur Kasse. Dort war ein Schild: »Zutritt[3] für Jugendliche unter vierzehn Jahren verboten.« Ich kaufte zwei Eintrittskarten. Manchmal musste man

---

1 **die Schläfenlocken:** haben manche jüdischen Männer; lange Haare an beiden Seiten vor dem Ohr; dass Männer ihre Haare nicht schneiden lassen sollen ist ein Gebot in der Thora
2 **die Hitlerjugend:** Jugendorganisation der Nationalsozialisten; siehe auch S. 86
3 **der Zutritt:** das Hineingehen, das Betreten

den Ausweis an der Kasse zeigen. Die Jugendlichen unter vierzehn Jahren ließ man dann nicht in den Saal. Aber diesmal verlangte niemand meinen Ausweis. Wir waren zwar beide schon fünfzehn Jahre alt, aber Friedrich besaß nur den Judenausweis.

Mit beiden Karten in der Hand ging ich langsam zum Eingang. Friedrich folgte mir. Auch die Frau, die die Karten kontrollierte, fragte nicht nach dem Ausweis. Im Vorraum atmete Friedrich auf.

»Ich fühle mich nicht wohl, aber der Film ist wichtig für mich.« Wir gingen in den halbdunklen Saal. Eine Platzanweiserin[1] brachte uns zu unserer Reihe. Friedrich bedankte sich sehr höflich. Die Platzanweiserin lächelte freundlich.

Es war noch früh. So fanden wir einen guten Platz mitten in der Reihe. Es gab erst wenige Zuschauer. Friedrich schaute sich um, bevor er sich hinsetzte. Eine neue, ältere Platzanweiserin übernahm jetzt den Eingang, den wir benutzt hatten. Die andere, jüngere Platzanweiserin wechselte auf die andere Seite. Dazu wählte sie unsere Reihe. Friedrich sprang auf und ließ die Platzanweiserin durch. Wieder lächelte sie und nickte dankbar.

»Heute werde ich zum ersten Mal wieder einen Film sehen, seit meine Mutter tot ist«, sagte Friedrich leise zu mir. »Und was für einen Film! Ich bin froh, dass meine Mutter nicht erlebt hat, was in den beiden letzten Jahren geschehen ist. Es geht schlecht zu Hause, aber nicht bloß, weil Krieg ist.«

Der Saal füllte sich. Rechts und links von uns waren jetzt die Plätze besetzt. Am Nachmittag besuchten viele Jugendliche den Film. Die Platzanweiserinnen schlossen die Türen. Alles wartete darauf, dass es dunkel wird. Da ging plötzlich das große Licht an. Durch den Lautsprecher sagte eine Stimme: »Wir bitten alle Jugendlichen, ihre Ausweise zu zeigen.«

Die beiden Platzanweiserinnen gingen durch die Reihen, eine von vorn, eine von hinten. Sie schauten kurz auf die Ausweise der Jugendlichen. Zwei, drei schickten sie aus dem Saal.

Friedrich war unruhig.

---

1 **die Platzanweiserin:** sie zeigt den Besuchern im Kino / Theater, wo der Sitzplatz ist

»Worüber regst du dich so auf?«, beruhigte ich ihn. »Sie überprüfen doch nur, ob wir auch vierzehn sind. Lass mich nur machen. Du musst deinen Ausweis nicht zeigen.«

Aber Friedrich fiel immer mehr auf. Alle in unserer Nähe schauten schon. Es war mir peinlich. Friedrich flüsterte mir ins Ohr: »Ich habe dir nicht gesagt, dass wir Juden überhaupt keine Filme anschauen dürfen. Das ist verboten. Wenn sie mich entdecken, komme ich fort[1]. Ich muss verschwinden, hilf mir!«

Die Platzanweiserin näherte sich. Da sprang Friedrich auf.

»Halt!«, rief die Platzanweiserin. Friedrich wollte schnell raus aus der Reihe, aber die Beine der Sitznachbarn verhinderten das.

Da war die Platzanweiserin schon bei Friedrich. »Das kenne ich!«, rief sie laut. »Solange die Ausweise kontrolliert werden, verschwinden und wenn es dunkel wird, wieder zurückkommen!«

Ich stellte mich neben Friedrich.

»Zeig deinen Ausweis!«, forderte die Platzanweiserin Friedrich auf.

»Dann kannst du gehen, wohin du willst!«

»Hier ist er!«, meldete ich mich und gab ihr meinen.

»Mit dir habe ich nicht gesprochen«, sagte die Platzanweiserin.

»Wir gehören zusammen!«, sagte ich unüberlegt, aber ich bereute[2] es sofort. Die Platzanweiserin hatte mir nicht zugehört.

Friedrich zitterte. Mit rotem Kopf stotterte[3] er: »Ich … ich habe vergessen …«

Inzwischen war auch die jüngere Platzanweiserin zu uns gekommen. »Lass doch den Jungen!«, sagte sie.

Friedrich bat: »Bitte, ich möchte gehen. Ich gehe freiwillig.«

Die ältere Platzanweiserin sagte: »Da stimmt doch etwas nicht?«, und zog den Ausweis aus Friedrichs Jacke. »Und was ist das?«

»Geben Sie mir den Ausweis!«, schrie Friedrich. »Ich will meinen Ausweis!« Friedrich verhielt sich wie ein Verrückter.

---

1 **fortkommen:** weggebracht werden; gemeint ist: in ein Konzentrationslager
2 **bereuen:** leidtun
3 **stottern:** nicht weitersprechen können, wieder von vorne anfangen

Die jüngere Platzanweiserin versuchte, ihn zu beruhigen. In der
Zeit schaute die ältere den Ausweis an. Sofort wurde sie ernst. Sie
gab Friedrich den Ausweis zurück. »Komm!«, befahl sie.
Friedrich schob sich durch die Reihe. Ich blieb hinter ihm. Alle
Blicke folgten uns.   5
Die ältere Platzanweiserin führte Friedrich aus dem Saal. Sie
machte Friedrich Vorwürfe: Du bist wohl lebensmüde[1]! Du möch-
test wohl in ein Konzentrationslager[2]?«
Hinter uns ging das Licht aus und die Wochenschau[3] begann.

 Übungen   10

Text 24: Bänke (1940)

Mitten in der Stadt stand Friedrich plötzlich da: »Hast du Zeit für
mich? Ich möchte dir etwas erzählen. Es dauert nicht lange!«
Er lief neben mir und fing gleich an: »Vor ungefähr vier Wochen
sollte ich bei einem Bekannten ein Pfund Nudeln abholen. Ich   15
bin an der alten Kirche vorbeigegangen und dann die Straße mit
den Bäumen entlang. Da sah ich vor mir ein Mädchen mit ganz
kleinen Füßen. Lange bin ich hinter ihr hergelaufen. Ich habe mir
angeschaut, wie sie läuft und wie sie ein schweres Netz mit Äpfeln
trägt. Ich hätte so gern einen Apfel gehabt. Wenn einer heraus-   20
fällt, dachte ich, lässt du ihn verschwinden. Wie ich mir das so
vorstelle, geht das Netz plötzlich kaputt und alle Äpfel rollen über
die Straße. Ich habe ihr geholfen, die Äpfel aufzuheben. Wir haben
sie in das kaputte Netz gelegt und es dann zusammen zu ihr nach
Hause getragen.   25

---

1 **lebensmüde:** wenn man nicht mehr leben will / sterben will
2 **das Konzentrationslager:** Juden und politische Gegner der Nazis waren dort Gefangene und
wurden dort in großer Zahl getötet; siehe auch S. 88
3 **die Wochenschau:** Nachrichten, Dokumentarfilme; siehe auch S.88

Sie heißt Helga. Ihr Vater ist Soldat[1]. Sie arbeitet in einem Kindergarten. An ihrem freien Tag war sie aufs Land gefahren und hatte
selbst gemachte Topflappen[2] gegen die Äpfel getauscht.

Als wir bei ihr angekommen waren, hat sie mich ganz freundlich
angesehen und »Danke schön! Auf Wiedersehen!« gesagt. Einen
Apfel hat sie mir geschenkt. Den behalte ich – zur Erinnerung.

Schnell habe ich bei unserem Bekannten die Nudeln geholt. Auf
dem Heimweg bin ich dann an dem Kindergarten vorbeigegangen.
Dort habe ich gefragt, wann sie abends Schluss machen.

Von da an habe ich jeden Abend beim Kindergarten auf Helga
gewartet. Sobald sie mich anschaute, habe ich sie gegrüßt. Zuerst
hat sie große Augen gemacht. Dann sah sie noch schöner aus! Ich
habe nachts nur noch von Helga geträumt.

Nach einer Woche durfte ich sie dann abends bis an die Haustür
begleiten. Ich kann dir gar nicht sagen, wie froh ich war! Wir
haben nie viel miteinander geredet. Es war so schön, wenn wir
bloß nebeneinander hergehen konnten.

Helga wusste von mir nur, dass ich Friedrich Schneider heiße. Ich
konnte ihr auch nichts sagen, sonst hätte ich sie doch nicht mehr
abholen dürfen.

Vor zwei Wochen hatten wir uns am Sonntag zum ersten Mal
verabredet. Wir wollten uns im Stadtgarten treffen. Mein Vater
hatte sich schon gewundert, warum ich abends immer draußen
war. Als er sah, wie ich mich schick machte, schüttelte er den Kopf
und sagte: »Überlege, was du tust, Friedrich!« Sonst hat er nichts
gesagt. Ich bin aber doch gegangen.

Es war herrliches Wetter. Die Rosen blühten. Im Stadtgarten waren
nur ein paar Mütter mit Kinderwagen.

Helga hatte ein dunkelrotes Kleid – und dazu die schwarzen Haare
und die grauen Augen. Wenn ich sie anschaute, dann spürte ich
das richtig innen drin.

---

1 **der Soldat:** ist bei der Armee eines Landes, kämpft für das Land, wenn es Krieg gibt
2 **die Topflappen** (Sg. der Topflappen): ein kleines, dickes Stück Stoff, mit dem man heiße
Töpfe nehmen kann

Ich hatte Helga ein kleines Heft mit Gedichten mitgebracht. Sie freute sich so darüber. Wir gingen durch den Stadtgarten und Helga sagte Gedichte auswendig[1] auf.

Ich habe immer wieder Wege gesucht, wo wir möglichst niemandem begegneten. Als wir eine Zeit gegangen waren, wollte Helga sich setzen. Ich wusste nicht, was ich tun sollte. Als wir an eine von den grünen Bänken kamen, setzte sich Helga einfach hin. Ich stand vor der Bank und traute mich nicht, mich hinzusetzen. »Setz dich!«, sagte Helga und ich machte es tatsächlich. Aber ich hatte keine Ruhe. Ich konnte nicht still sitzen.

Das fiel auch Helga auf. Sie gab mir von ihrer Schokolade. Ich hatte so lange keine Schokolade mehr gegessen. Aber sie schmeckte mir nicht, ich war viel zu aufgeregt. Ich habe sogar vergessen, mich zu bedanken. Helga schaute mich an. Ab und zu fragte sie etwas. Ich weiß nicht mehr, was ich geantwortet habe, denn ich hatte schreckliche Angst auf der grünen Bank.

Plötzlich stand Helga auf. Sie nahm mich beim Arm und zog mich weiter. Wir kamen an eine gelbe Bank, wo draufstand »Nur für Juden«. Helga blieb vor der Bank stehen und fragte mich: »Bist du ruhiger, wenn wir uns hier setzen?«

Ich bekam einen Schreck! »Woher weißt du?«

Helga setzte sich auf die gelbe Bank und sagte: »Ich habe es mir gedacht!« Ganz selbstverständlich sagte sie das! Aber ich konnte doch nicht mit dem Mädchen auf der Judenbank sitzen bleiben. Ich habe Helga hochgezogen und sie nach Hause gebracht. Ich hätte am liebsten geweint. Der schöne Sonntag! Aber ich konnte doch nicht einfach weiter mit ihr Hand in Hand gehen und mich mit ihr unterhalten.

Doch Helga hat den ganzen Weg so getan, als wenn es ganz selbstverständlich wäre, mit einem Juden auszugehen. Sie hat von zu Hause erzählt, vom Kindergarten und von den Ferien. Und meine Hand hat sie genommen und ganz fest gehalten.

---

1 **auswendig aufsagen:** den Text so gut kennen, dass man ihn sagen kann, ohne ihn dabei zu lesen

Vor ihrer Haustür hat Helga mich lange angeschaut. Dann hat sie gesagt: »Nächsten Sonntag treffen wir uns wieder. Wir fahren in den Wald. Da gibt es keine gelben Bänke!«

Ich wollte es ihr ausreden[1], aber da war sie schon im Haus.

Die halbe Nacht bin ich herumgelaufen. Erst lange nach der Sperrstunde[2] bin ich nach Hause gekommen. Zum Glück hat mich niemand festgenommen. Aber Vater hat ziemlich geschimpft.

Die ganze Woche habe ich überlegt, ob ich hingehen soll oder nicht. Ich bin dann nicht gegangen. Helga kommt doch ins Lager[3], wenn man sie mit mir sieht!«

 **Übungen**

Text 25: Der Rabbi (1941)

Eine Tante hatte uns einen kleinen Sack Kartoffeln geschenkt. Wir füllten ein Körbchen[4] mit Kartoffeln für Schneiders. Als wir oben Schritte hörten, schickte Mutter mich mit dem Körbchen hinauf.

Ich klingelte und wartete. Weil niemand öffnete, klingelte ich nochmals. Niemand kam.

»Ich bin sicher, dass jemand oben ist!«, sagte Mutter. »Wenn wir hören, dass jemand die Treppe hochgeht, versuchst du es noch einmal.«

Kurz danach kam Friedrich die Treppe hoch. Ich kannte seinen Schritt. Schnell nahm ich das Körbchen und ging hoch. Aber bevor ich oben war, ging die Wohnungstür zu. Wieder musste ich klingeln. Nach dem dritten Klingeln klopfte ich, denn nun wusste ich, dass jemand in der Wohnung war. »Friedrich!«, rief ich. »Friedrich!«

---

1 **jemandem etwas ausreden:** etwas verhindern; raten, dass man etwas nicht tut
2 **die Sperrstunde:** die Uhrzeit, ab wann man nicht mehr in der Öffentlichkeit sein darf / nicht mehr das Haus verlassen darf
3 **ins Lager kommen:** gefangen werden und in ein Arbeits- oder Konzentrationslager gebracht werden
4 **das Körbchen:** zum Transport von Lebensmitteln; aus Pflanzen, hart, offen und klein

Endlich öffnete sich die Tür. Aber nicht Friedrich, sondern Herr Schneider stand vor mir. Ärgerlich schaute er mich an, dann zog er mich schnell herein.

Im Flur sagte ich: »Wegen der Kartoffeln komme ich, ich wollte sie abgeben.« 5

Herr Schneider machte noch immer ein unfreundliches Gesicht: »Und deswegen solchen Lärm?«

»Mindestens zehnmal habe ich geklingelt und niemand ist an die Tür gekommen. Wir haben gehört, dass jemand in der Wohnung war«, sagte ich zu meiner Entschuldigung. »Da habe ich geklopft.« 10

Nun kam auch Friedrich. Er nickte mir zu und nahm mir das Körbchen ab. »Warum schimpfst du mit ihm?«, sagte er zu seinem Vater. »Sei froh und dankbar, dass er uns Kartoffeln bringt. Du weißt, wie gut wir sie gebrauchen können.«

Herr Schneider schimpfte mit Friedrich. »Du hast kein Recht, so 15 mit mir zu reden!«

Aber Friedrich schwieg nicht: »Kann ich was dafür, dass du die Nerven verlierst, sobald man etwas von dir verlangt?«

Herr Schneider wurde lauter: »Was denkst du dir, so mit deinem Vater zu reden?« Er war sehr nervös. 20

»Wenn du vernünftig wärst, würdest du nicht so brüllen!«, sagte Friedrich. »Stell dich doch gleich ans Fenster und schrei es über die ganze Straße, was dich so aufregt.«

Herr Schneider weinte fast als er antwortete: »Ja, ich kann nichts dafür. Ich habe Angst. Ich sterbe vor Angst!« 25

Friedrich fragte: »Möchtest du ihn auf die Straße schicken? Willst du ihn opfern¹, um dich zu beruhigen? Pfui²!«

Friedrichs Vater weinte. Wütend und traurig starrte Friedrich ihn an.

Da öffnete sich leise die Tür zum Wohnzimmer. Ein alter Mann 30 mit Bart kam heraus. Als er mich sah, erschrak er. Aber dann sagte er ruhig: »Meinetwegen soll sich niemand streiten, meinetwegen soll niemand Angst haben. Ich gehe.«

---

1 **opfern:** hier: jemanden hergeben, obwohl es für den Geopferten gefährlich ist
2 **pfui:** ruft man, wenn etwas ekelig oder nicht moralisch ist

»Nein!«, riefen Friedrich und sein Vater gleichzeitig. Herr
Schneider stellte sich vor die Wohnungstür. »Nein, Sie bleiben!«,
rief er.
Der alte Mann schüttelte den Kopf: »Nun ist es zu spät. Er hat mich
gesehen!« Dabei zeigte er auf mich. Friedrich stellte sich neben
mich und sagte: »Er verrät nichts! Das garantiere ich.«
Aber der Alte war nicht überzeugt: »Zu viele wissen, wo ich bin.
Das ist nicht gut. Warum soll ich alle in Gefahr bringen? Ich bin alt,
ich kann damit umgehen. Und der Herr wird mir dabei helfen.«
Herr Schneider war wieder ruhig. Er schob uns ins Wohnzimmer.
Dort sagte er: »Dieser Herr ist ein bekannter Rabbiner.«
Der Rabbi sprach weiter: »Man sucht mich. Hier bei Schneiders
habe ich mich versteckt. Nicht für immer! Freunde wollen mir
helfen.« Er stellte sich vor mich und schaute mich an.
»Du weißt, was mit mir passiert, wenn man mich fängt? Der Tod,
wenn der Herr es gut mit mir meint – sonst unglaubliches Leiden!
Und das passiert auch denen, die mich versteckt haben. Ich weiß
auch«, fuhr der Rabbi fort, »was dir geschehen kann, wenn du uns
nicht anzeigst. Es wäre schrecklich für dich. Du ganz allein musst
über mein Schicksal entscheiden. Wenn diese Verantwortung für
dich zu groß ist, so sage es mir. Ich werde dich nicht verfluchen[1],
wenn du sagst, dass ich gehen soll.«
Herr Schneider, der Rabbi und Friedrich schauten mich an. Sie
warteten auf mein Urteil.
Ich wusste nicht, was ich tun sollte. Der Rabbi war für mich ein
fremder Mann. Und meine Mutter und mein Vater? Waren sie
mir nicht näher als der Jude? Durfte ich mich und meine Eltern
in Gefahr bringen? Konnte ich das Geheimnis für mich behalten?
Würde ich so darunter leiden wie Herr Schneider?

---

1 **verfluchen:** sich sehr über eine Person ärgern und ihr etwas Schlimmes wünschen

Ich dachte lange nach und spürte dabei, dass die drei dringend auf meine Antwort warteten. »Ich weiß nicht, was ich tun soll«, sagte ich ganz leise. »Ich weiß es nicht.«

 ## Übungen

Text 26: Sterne (1941)

Es war dunkel im Treppenhaus. Leise klopfte ich das verabredete Zeichen: einmal – lange Pause – zweimal – kurze Pause – dreimal. Drinnen hörte ich Geräusche. Jemand öffnete eine Tür. Es blieb dunkel. Erst als ich meinen Namen flüsterte, ging die Tür weiter auf. Ich ging schnell hinein und wartete im dunklen Flur, bis die Tür wieder zu war.
Eine Hand fasste mich und zog mich mit. Ich spürte: Es war der Rabbi. Leise gingen wir ins Wohnzimmer. Auch hier brannte kein Licht. Erst als der Rabbi und ich im Raum standen, machte Herr Schneider eine Kerze an.
Das Wohnzimmer sah traurig aus. Vor allen Fenstern hing dicker Stoff. An den Wänden sah man helle Flecken, wo die Möbel gewesen waren. Auf dem Boden gab es eine Art Bett aus Matratzen und alten Decken. Der Tisch in der Mitte des Zimmers war das einzige Möbel, das benutzt wurde. Die Kerze stand auf dem Tisch in einem silbernen Sabbatleuchter.
»Wo ist Friedrich?«, fragte ich.
Herr Schneider antwortete: »Er ist zu Bekannten gegangen. Dort hat ihn wahrscheinlich die Sperrstunde überrascht. Dann bleibt er bis zum Morgen dort.«
Der Rabbi setzte sich wieder. Vom Boden hob er einen alten Mantel auf. »Du hast bessere Augen. Kannst du mir den Faden[1] in die Nadel einfädeln[2]?«, bat er mich. Während ich ihm half, sagte der Rabbi: »Es ist nämlich wieder so weit. Wir müssen wieder einen

---

1 **der Faden:** einen Faden braucht man, um aus Stoff etwas zu nähen
2 **einfädeln:** den Faden durch das Loch der Nadel stecken

gelben Stern tragen.« Dabei zeigte er mir eine Menge gelber Sterne,
die auf dem Tisch lagen.

Die gelben Sterne waren so groß wie die Innenfläche einer Hand
und hatten einen schwarzen Rand. Sie mussten auf der linken
Brustseite der Kleidung festgemacht werden. Sie hatten die Form
des Davidsterns. In der Mitte stand in einer Schrift, die aussah wie
die hebräische, das Wort »Jude«.

Herr Schneider stand auf und verbeugte sich vor mir, als wenn er
auf einer Bühne stehen würde. Dann nahm er seinen Schal ab und
hängte ihn über den Stuhl. Mit der rechten Hand zeigte er auf seine
linke Seite. Auf dem Mantel – ein gelber Stern!

Er öffnete den Mantel. Auf der Jacke – ein gelber Stern! Er öffnete
die Jacke – noch ein gelber Stern!

»Damals mussten die Juden einen gelben spitzen Hut aufsetzen!«,
spottete[1] er. »Diesmal ist es ein gelber Stern. Wir sind wieder
zurück im Mittelalter!«

»Und demnächst«, ergänzte der Rabbi, »demnächst wird man uns
vielleicht verbrennen – wie im Mittelalter!«

»Und warum?«, fragte ich.

»Warum?«, wiederholte der Rabbi leise. »Warum? Im Himmel wird
das entschieden. Der Herr hat uns ausgewählt vor allen Völkern.
Weil wir anders sind, nur weil wir anders sind, deshalb verfolgt
und ermordet man uns.«

Herr Schneider hatte sich wieder hingesetzt. Ich sollte mich auf die
Kiste setzen, auf der Friedrich sonst immer saß.

Der Rabbi strich über den Stern, den er angenäht hatte. Er legte
die Nadel beiseite und nahm die Brille ab. Über die Kerze hinweg
schaute er in den dunklen Raum. Leise begann er zu erzählen.

 Übungen

---

1 **spotten:** Witze machen

Text 27: Salomon

Die Männer berieten ihren König. Sie sagten: »Lange schon stehen
deine Krieger in deinem Dienst. Sie bekommen zu wenig Geld.
Weil sie im Krieg keine Beute[1] machen konnten und nichts zu
tun haben, denken sie über ihr Unrecht nach. Nenne ihnen einen
Feind[2], damit sie nicht das eigene Volk überfallen.«
Der König dachte nach und sagte: »Wenn sie unbedingt Untaten[3]
begehen wollen, erlaube ich ihnen, die Juden zu verfolgen. Wählt
also eine Stadt im Land. Ein Drittel der Beute gehört dem König,
den Rest dürfen sie selbst behalten.«
In der Stadt, die sie wählten, wohnten drei Juden: Der Vater
hieß Schloime, seine Frau Gittel und ihr Sohn Salomon. Die drei
achteten Gott und seine Gebote. Die Alten hörten von den Plänen
des Königs.
Schloime sagte zu Gittel: »Wir sind beide alt. Wenn wir fliehen,
kommen wir nicht weit. Man wird uns fangen und töten. Selbst
wenn uns die Flucht gelingen würde, so bleibt uns Not und
Armut[4]. Darum lass uns alles, was wir besitzen, verkaufen. Mit
unserem Geld kann Salomon dann in einem anderen Land sicher
und geschützt leben.«
Und Gittel sagte: »So tu, wie es dir richtig scheint.«
Schloime und Gittel verkauften alles, was sie besaßen. Und sie
bereiteten Salomon auf seine Reise vor. Doch ehe Salomon sich
verabschieden konnte, kamen die Krieger des Königs. Die Juden
fielen auf die Knie und bettelten um Gnade. Doch die Krieger
wollten nur Beute machen. Sie betraten die Häuser, töteten, was
lebte und stahlen alles, was sie mitnehmen konnten. Wenn sie
dachten, dass etwas wertlos ist, zerstörten oder verbrannten sie es.
Als Schloime und Gittel die Krieger kommen hörten, versteckten
sie Salomon, um ihn zu schützen. Die Krieger drohten und

---

1 **die Beute:** gestohlene Sachen
2 **der Feind:** ein Gegner, der einem droht, den man hasst, gegen den man kämpft
3 **die Untaten** (Sg die Untat): Gewalttaten, Massaker
4 **die Armut:** wenn man arm ist, hungert, nicht das hat, was man zum Leben braucht

befahlen Schloime, die Räume zu zeigen. Er zeigte ihnen das ganze Haus, nur das Versteck nicht.

»Wir sind arm«, erklärte er ihnen, »wir besitzen nur das Haus.«

Sie glaubten ihm zwar nicht, doch sie fanden nichts. – Darum wurden die Krieger wütend. Sie schlugen Schloime zu Boden und Gittel erstachen sie. Dann liefen sie davon, um weiter zu morden. Der blutende Schloime trug Gittel mit letzter Kraft zur Türe. Er sagte: »Wenn wir hier sterben, können wir Salomon schützen!«

Da nickte die stöhnende Gittel. Ihre blutigen Hände legte sie auf ihr Gesicht, betete und starb. Schloime legte sich neben seine Frau und verhinderte so, dass die Krieger ins Haus kamen. Und während er verblutete, betete Schloime mit Tränen zu Gott. Mitten in diesem Gebet starb er. Sein Blut floss mit dem von Gittel zusammen.

Die Krieger des Königs suchten nach Beute. Doch niemand stieg über die blutigen Toten Schloime und Gittel.

Salomon blieb in seinem Versteck und so konnten die Krieger ihn nicht finden. Im Tode noch schützten die Eltern den Sohn.

Das Sterben dauerte zwei volle Tage in der Stadt. Rauchende Trümmer und Berge von Toten hinterließen die Krieger.

Erst nach dieser Zeit entdeckte der Sohn seine Eltern. Er vermutete, dass sie ihm dieses Opfer gebracht hatten, um sein Leben zu retten. Mit schmerzenden Händen begrub[1] Salomon seine Eltern. Er saß schweigend sieben Tage lang mit nackten Füßen auf der Erde, so wie die Tradition es will. Dann endlich floh er, um weit weg von der Heimat Frieden zu suchen.

Die Krieger des Königs hofften auf neue Befehle, die ihnen erlaubten, demnächst eine andere Stadt zu zerstören.

 **Übungen**

---

1 **begraben** (begrub): Tote in die Erde / in ein Grab legen

Text 28: Besuch (1941)

Wir lagen im Bett, als wir den Lärm hörten. Mehrere Männer
stiegen die Treppe hoch zum zweiten Stock. Sie klingelten. Da
niemand öffnete, schlugen sie gegen die Tür und riefen: »Sofort,
aufmachen, Polizei!«
In Schneiders Wohnung hörte man nichts.
Wir gingen in den Flur hinter die Tür und lauschten zitternd.
»Augenblick, ich schließe auf!«, rief Resch. Er ging nach oben.
»Das Schwein [1]!«, sagte mein Vater.
Oben flog die Tür auf. »Hände hoch!«, schrie eine Stimme. Dann
war es still. Über uns hörten wir nur noch schwere Schritte.
»Wir gehen hinaus ins Treppenhaus!«, befahl Vater.
Kurz danach kam der Erste. »Los, verschwinden Sie!«, brüllte er.
Vater nahm Mutter und mich beim Arm. Wir blieben.
Dann führte ein junger Mann den Rabbi in Handschellen[2] vorbei.
Der Rabbi schaute Vater und mich an und danach auf den Boden.
Zuletzt kam Herr Schneider die Treppe herunter. Ein kleiner Mann
hielt ihn bei den Handschellen fest. Als Herr Schneider meinen
Vater sah, sagte er laut: »Sie haben recht gehabt, Herr …«
Da schlug ihm der kleine Mann mit der Faust auf den Mund. Herr
Schneider schwankte und schwieg. Seine Lippe blutete. Noch
einmal schaute er uns alle an. Er ließ sich von dem kleinen Mann
weiterziehen. Oben wurde die Tür abgeschlossen.
»Einer fehlt!«, schrie Resch.
»Den kriegen wir auch noch!«, rief ein schlanker Mann und lief
die Treppe hinunter. Als er uns sah, brüllte er: »Verschwinden Sie!«
Zuletzt kam Resch. Er sagte: »Diese Mieter stören nicht mehr!«
Vater drehte sich um, schob uns in die Wohnung und warf die Tür
zu, dass die Scheiben klirrten.

 Übungen

---

1 **das Schwein:** hier ein schlimmes Schimpfwort
2 **die Handschellen** (Sg. die Handschelle): zwei Metallringe, die mit einer Kette verbunden
sind und die man abschließen kann; die Polizei benutzt sie für Verbrecher

Text 29: Fledderer[1] (1941)

In dieser Nacht schliefen wir nicht. Obwohl am Morgen niemand
das Haus verlassen musste, standen wir sehr früh auf.
»Wir müssen Friedrich aufhalten, wenn er heimkommt!«, sagte
5 Mutter. »Er darf die Wohnung gar nicht erst betreten.«
Vater stimmte zu: »Wir müssen ihn vorbereiten.«
Mutter konnte nicht frühstücken. Vater trank nur ein wenig Kaffee.
Ich musste mich hinter die Wohnungstür setzen und aufpassen.
Mein Frühstück aß ich dort und lauschte auf die Geräusche von
10 der Treppe. Es war sehr unruhig draußen. Türen gingen auf und
zu, ich hörte Schritte. Aber es war nicht Friedrich.
Als ich fertig war mit Essen, trug ich das Geschirr in die Küche.
Genau in diesem Augenblick kam Friedrich die Treppe herauf!
»Friedrich«, flüsterte Mutter mit entsetzten Augen.
15 Aufgeregt drückte ich Mutter mein Geschirr in die Hand und
rannte die Treppe hoch. Er war schon in der Wohnung. Schneiders Wohnungstür stand offen. Ich ging hinein. Friedrich stand
breitbeinig im Wohnzimmer vor der Tür und starrte auf Herrn
Resch, der auf dem Boden kniete. Erschrocken schaute er Fried-
20 rich an. Seine rechte Hand steckte in der Matratze, mit der linken
Hand wollte er Friedrich abwehren[2]. Er sah aus wie ein Denkmal,
nur seine Finger zitterten leicht.
Am Boden lag die Einkaufstasche von Frau Resch. Darin waren
Herrn Schneiders Bücher und zwei Lampen schauten aus der
25 Tasche heraus. Der Rest war unter einer von Schneiders Decken
versteckt. Nur den silbernen Sabbatleuchter konnte man sehen,
weil er nicht in die Tasche passte.
Auf dem Boden lagen Papiere, Bilder, Briefe. Eine von Schneiders
Sitzkisten war gefüllt mit Sachen und stand an der Tür. Oben drauf
30 lag Herrn Schneiders kleiner Werkzeugkasten.
Im Raum hörte man nichts. Die Stille war schrecklich. Es dauerte
ewig. Mein Herz klopfte laut. Ich bewegte mich nicht.

---

1 **Fledderer:** Personen, die Toten oder hilflosen Menschen Sachen wegnehmen / stehlen
2 **abwehren:** eine Gefahr verhindern

Da spuckte[1] Friedrich Herrn Resch mitten ins Gesicht. »Fledderer!«, schrie er. »Fledderer!«
Herr Resch entfernte die Spucke mit der Hand. Stoßend begann er zu atmen. Sein Gesicht wurde rot. Sein ganzer Körper fing an zu zittern. Er versuchte vergeblich den Sabbatleuchter zu fassen. Beim zweiten Mal schaffte er es. Noch immer stand Friedrich in der Tür, ohne sich zu bewegen. Mit Mühe stand Herr Resch auf. Schwankend ging er mit dem silbernen Sabbatleuchter auf Friedrich zu. Friedrich blieb stehen.
»Hilfe!«, brüllte Herr Resch durchs ganze Haus. »Überfall[2]!«
Friedrich drehte sich langsam um. Da sah er mich. Ich wollte ihm ein Zeichen geben.
»Ein Jude! – Haltet ihn! – Polizei!«, schrie Herr Resch.
Friedrich nickte mir zu. Er lief an mir vorbei, die Treppe hinunter – aus dem Hause – fort.

 Übungen

Text 30: Das Bild (1942)

Vater sagte: »In einer Stunde werden sie hier sein!« Drei Koffer mit unseren wichtigsten Sachen standen bei der Tür. Unsere Mäntel hingen über dem Stuhl. Es war ganz still und ich las weiter.
Auf einmal war draußen ein leises Geräusch. »Da hat jemand geklopft«, sagte ich. Wir hielten den Atem an.
Es klopfte noch einmal: »Das ist Friedrichs Zeichen!«, rief ich.
»Still! Du bleibst hier!«, befahl Vater. »Mutter sieht nach.«
Mutter brachte Friedrich mit. Sein Mantel war sehr schmutzig. Langsam kam er an den Tisch und gab uns seine schmutzige Hand. Ängstlich schaute er uns an. Er flüsterte: »Ich gehe sofort wieder.«
»Zuerst setzt du dich einmal hin«, entschied Vater.

---

1 **spucken:** die Flüssigkeit im Mund mit Druck in eine Richtung stoßen
2 **der Überfall:** die Attacke; wenn jemand aggressiv wird / etwas stiehlt

Friedrich weigerte sich zunächst und wollte auch nicht seinen Mantel auszuziehen. Als er es schließlich doch machte, sahen wir, wie schmutzig seine Jacke und Hose waren. Er trug kein Hemd. Friedrich erschreckte sich, weil Mutter das Zimmer verließ. Vater fragte und sagte nichts. Er schaute Friedrich nur freundlich an.

Es dauerte lange, bis Friedrich endlich redete: »Ich wohne in einem Versteck. – Aber ich verrate nicht, wo!«, sagte er schnell.

»Das musst du auch nicht«, beruhigte ihn Vater.

»Es ist schrecklich. – So allein. – Ich kann immer nur an früher denken. – Aber ich habe so viel vergessen! – Vater und Mutter kann ich mir gar nicht mehr richtig vorstellen. – Ich habe nichts mehr, was mich an sie erinnert. – Ich habe nur noch die Kappe von meinem Füller mit meinem Namen drauf!«

Als Mutter leise die Tür öffnete, erschrak er wieder. Mutter gab Friedrich ein großes, dick belegtes Brot. Als sie sah, wie er das Brot verschlang[1], machte sie ihm noch zwei Brote.

Erst danach redete Friedrich: »Ich brauche ein Bild von Vater und Mutter. – Nur weil ich weiß, dass Sie eines haben, bin ich gekommen. – Damals, am ersten Schultag, auf dem langen Pferd. – Sie haben das Bild, ich weiß es. – Bitte schenken Sie es mir.«

Mutter holte die riesige Pralinenschachtel aus dem Schrank, in der unsere Fotos waren. »Dann will ich sie schnell durchsehen«, sagte Vater und legte die Bilder in den Deckel[2] der Schachtel.

Mutter überredete Friedrich zu baden. Sie hatte das Bad vorbereitet und Wäsche von mir hingelegt.

Plötzlich heulten die Sirenen[3]. Friedrich kam aus dem Badezimmer gerannt und war völlig durcheinander. »Was soll ich jetzt tun?«, fragte er erschrocken.

»Zieh dich erst mal an«, antwortete Vater.

»Wir nehmen ihn mit in den Keller«, plante Mutter.

»Das geht nicht!«, widersprach Vater. »Resch bringt uns ins Gefängnis.«

---

1 **verschlingen:** schnell essen, ohne das Essen mit den Zähnen richtig klein zu machen
2 **der Deckel:** oberer Teil einer Schachtel, mit dem man sie schließen und öffnen kann
3 **Sirenen heulen:** Lautsprecher, die bei Gefahr mit sehr lauten Alarmgeräuschen warnen

»Aber wir können ihn doch jetzt nicht auf die Straße schicken!«, erklärte Mutter.
»Am besten bleibt er hier in der Wohnung!«, meinte Vater. »Es wird schon nichts geschehen. Hier kann er warten, bis der Alarm zu Ende ist. Dann suchen wir weiter nach dem Bild.«
Friedrich war einverstanden. Wir nahmen unsere Koffer und gingen zum Luftschutzkeller[1]. Friedrich schaute uns ängstlich nach.
Draußen schoss schon die Flak[2]. Scheinwerfer[3] bewegten sich am Himmel hin und her. Flugzeuge brummten[4]. Splitter fielen nach unten. Plötzlich gab es über uns zwei Leuchtzeichen. Sie sahen aus wie Weihnachtsbäume.

 Übungen

Text 31: Im Keller (1942)

Die Tür zum Luftschutzraum war schon geschlossen. Weil Vater die Metalltür nicht öffnen konnte, schlug er fest dagegen.
Herr Resch öffnete. Er trug seinen Stahlhelm[5] und die Armbinde, an der man erkennen konnte, dass er Luftschutzwart[6] war.
»Es wird aber Zeit!«, sagte er unfreundlich.
Vater sagte nichts.
Mit geschlossenen Augen saßen Frauen und alte Männer im Raum. Jeder hatte sein Gepäck neben sich stehen. Zwei Mütter mit kleinen Kindern saßen in einer dunklen Ecke. Die Kinder weinten. In einer anderen Ecke saß ein Liebespaar, eng zusammen. Der Mann war Feldwebel[7].

1 **der Luftschutzkeller:** ein Keller zum Schutz gegen Kampfattacken aus der Luft
2 **die Flak** (Kurzwort für Flugabwehrkanone): eine Kanone, mit der man gegen feindliche Flugzeuge kämpft
3 **der Scheinwerfer:** ein starkes Licht, das man in eine bestimmte Richtung zielt
4 **brummen:** es klingt sehr lang und sehr tief
5 **der Stahlhelm:** Kämpfer schützen im Krieg ihren Kopf damit; der Helm ist aus Metall
6 **der Luftschutzwart:** jemand, der die Verantwortung für den Luftschutzkeller hat
7 **der Feldwebel:** Soldat; Position beim Militär

Wir setzten uns. Die Koffer nahmen wir zwischen die Füße. Herr Resch ging durch den Schutzraum.

»Na, im Urlaub?«, sagte er zum Feldwebel.

Der Feldwebel erschrak und setzte sich gerade. »Ja!«, bestätigte er.

»Denen da oben werden wir es heute wieder einmal zeigen!«, machte sich Herr Resch wichtig. »Gestern wieder fünfunddreißig feindliche Bombenflugzeuge[1] abgeschossen.«

Der Feldwebel lächelte: »Dafür kommen heute wieder dreihundertfünfzig neue – und noch tausend dazu.«

Herr Resch räusperte sich, drehte sich um und ging weg. Der Feldwebel nahm die Frau wieder in den Arm.

Draußen hörte es nicht mehr auf. Wie ein Rollen ging es immer wieder über uns weg. Ganze Bombenteppiche[2] fielen herunter. Im Keller war es unheimlich laut.

»Der arme Junge!«, seufzte Mutter leise. Vater machte nur »Hm«.

Wieder fiel eine Bombe. Diesmal so nah, dass die Kellerwände zitterten. Da klopfte es laut draußen an der Tür.

»Wer kommt denn so spät?«, fragte Herr Resch. »Machen Sie doch auf!«, rief der Feldwebel. Herr Resch machte die Tür auf.

Jemand weinte vor dem Keller. »Bitte, bitte, lasst mich rein, bitte!«

»Friedrich!«, sagte Mutter. Sie schaute erschrocken.

»Aufmachen!« hörte man von draußen. »Bitte aufmachen!«

Herr Resch öffnete die Metalltür. Davor kniete Friedrich: »Ich habe Angst, Angst, Angst!« Er kroch[3] in den Vorraum.

Bei geöffneter Tür hörte man, wie schrecklich laut es draußen war. Der Luftdruck einer Bombe warf die Tür zu.

»Raus!«, brüllte Herr Resch. »Verschwinde! Du glaubst doch nicht, dass wir dich in unseren Schutzraum lassen!«

Der Feldwebel stand auf und ging zum Vorraum: »Sind Sie verrückt geworden? Sie können den Jungen doch nicht bei diesem Bombenhagel aus dem Keller schicken!«

---

1 **das Bombenflugzeug:** Flugzeug, das Kampfmittel geladen hat, die es im Krieg auf feindliche Orte fallen lässt, wo sie explodieren und alles zerstören
2 **der Bombenteppich:** wenn Flugzeuge so viele Bomben abwerfen, dass eine große Fläche sehr eng bombardiert wird
3 **kriechen** (kroch): sich auf Knien und Händen auf dem Boden nach vorne bewegen

82

»Das ist ein Jude!«, erklärte Herr Resch.»
»Na und?«, fragte der Feldwebel erstaunt. »Und wenn es ein ekliger
Hund wäre, lassen Sie ihn drin, bis keine Bomben mehr fallen!«
»Was mischen Sie sich ein?!«, schrie Herr Resch den Feldwebel
an. »Wer ist hier Luftschutzwart – Sie oder ich?! Sie tun, was ich
befehle, verstanden! Sonst zeige ich Sie an.«
Der Feldwebel schaute Friedrich lange an. Alle schwiegen. Fried-
rich war blass, aber er hatte sich wieder beruhigt.
»Geh, Junge!« sagte der Feldwebel. »Sonst gibt es nur Ärger!«
Wortlos verließ Friedrich den Schutzraum.
Es donnerte draußen ohne Pause.
Mutter weinte. »Hör auf!«, bettelte Vater. »Du bringst uns alle ins
Unglück.«

 Übungen

Text 32: Ende (1942)

Draußen gab es Staub und Hitze. Der Himmel war feuerrot.
Flammen[1] kamen aus Dächern und Fenstern. Trümmer rauchten.
Glassplitter und Scherben von Dachziegeln lagen auf der Straße.
Verzweifelte Frauen weinten vor den Resten ihrer Häuser. Neben
einer Gartenmauer lag ein toter Mensch.
Wir gingen heim. Herr und Frau Resch folgten uns. Bei unserem
Haus hatte eine Bombe die Straße aufgerissen. Das Haus stand
noch. Das Dach war zum Teil weg, in den Fenstern fehlte das Glas.
Im Garten lief Herr Resch sofort zu Polykarp und nahm ihn hoch.
Die Spitze der Zipfelmütze fehlte. Herr Resch suchte sie. Als er sie
fand, sagte er zu Vater: »Schade! Ich versuche, sie zu kleben.«
Ängstlich schaute Mutter nach Friedrich. Er saß im Hauseingang.
Die Augen waren geschlossen, sein Gesicht war blass.

---

1 **die Flammen** (Sg. die Flamme): gibt es bei Feuer, sind blau oder gelb leuchtend

Da bemerkte auch Herr Resch den Jungen. Er kam näher. Auf dem Arm trug er Polykarp, seinen Gartenzwerg. »Verschwinde!«, schrie er Friedrich an. »Glaubst du, weil alles durcheinander ist, bist du sicher davor, abgeholt zu werden?!«

5 Schrill schrie Mutter: »Sehen Sie nicht, er ist doch ohnmächtig[1]!«
Mit einem bösen Lächeln sagte Resch: »Der ist nicht mehr lange ohnmächtig. Dafür sorge ich. – Ich wundere mich über Ihr Mitgefühl[2] mit Juden! – Ihr Mann ist doch in der Partei?!«
Mutter schlug die Hände vor das Gesicht. Herr Resch hob den Fuß
10 und trat Friedrich. Der rollte aus dem Hauseingang auf den Weg.
Vom rechten Ohr bis zum Kragen zog sich eine Blutspur. Meine Hand verkrampfte sich in den dornigen[3] Rosen.

»Sein Glück, dass er so gestorben ist«, sagte Herr Resch.

 Übungen

---

1 **ohnmächtig:** ohne Bewusstsein sein
2 **das Mitgefühl:** Empathie; mit Menschen mitfühlen können, wenn es ihnen nicht gut geht
3 **dornig:** Rosen haben Dornen; wenn man sie anfasst, sticht es und tut weh

Erklärungen zum Text

Text 1 *Seite 8*

Polykarp ist ein griechischer Vorname und bedeutet: »der, der viel Frucht bringt«. Man denkt, dass **Gartenzwerge** typisch deutsch sind, ihre Besitzer in ihrer eigenen Welt leben und nicht weltoffen sind.

Durch die erste **Geldentwertung**, die sogenannte Inflation, (August 1922 bis November 1923) verlor das Geld an Wert. Dadurch waren viele Deutsche arm und es gab viele Arbeitslose.

Beamte bei Post und Bahn waren früher im Staatsdienst, konnten nicht arbeitslos werden und hatten eine gute Pension.

Text 2 *Seite 10*

»wie ein **kleiner Jude**« Die Thora befiehlt, dass man Jungen beschneiden soll, wenn sie acht Tage alt sind, also chirurgisch das Geschlechtsorgan verändert.

Text 4 *Seite 14*

Jüdische Männer tragen beim Beten einen **Gebetmantel (Tallith)**, das ist ein großer Schal mit Fransen. Der kleine Tallith, der Tallith Katan, wird unter dem Hemd getragen und bleibt so für Andere unsichtbar. Auch einen **Hut** oder eine **Kappe (Kippa)** tragen jüdische Männer beim Gebet.

»**Juden haben Jesus ans Kreuz geschlagen**« also getötet; dieses Argument des Großvaters hörte man häufig, um Judenhass zu begründen.

Text 5 *Seite 15 und 16*

Es war Frauen früher oft **peinlich**, wenn sie arbeiten gehen mussten. Männer sollten für die Familie sorgen und Frauen den Haushalt machen. Wollte eine Frau arbeiten, musste ihr Ehemann das erlauben. Erst 1977 wurde das Gesetz geändert.

Für Juden ist es ein religiöses Gesetz, die
Mesusah (die Gebote Gottes) an die Türen
und Tore des Hauses zu schreiben. Auf dem Bild
sieht man die Mesusah-Röhrchen, die der
Erzähler beschreibt.
Der **Sabbat** ist der jüdische Ruhetag und gehört zu
den 10 Geboten. Im Text wird der Ablauf bei Sabbatbeginn am
Freitagabend beschrieben: Nur mit Kerzenlicht des Sabbatleuch-
ters betet, singt und isst man gemeinsam. Jede Mahlzeit beginnt
mit dem Kiddusch, dem Segen über die Speisen. Den Wein trinken
alle aus einem Kiddusbecher. Der Sabbat endet am Samstag-
abend.

Text 8 *Seiten 24, 25 und 26*

Zum **Heimabend** traf sich das
»Deutsche Jungvolk« einmal pro
Woche. Dort wurden Jungen
die Schlaufe
zwischen 10 und 14 Jahren
das Halstuch
systematisch zu Nationalsozialisten
erzogen. Die Mitglieder hießen
Pimpfe. Die Älteren waren bei der
die Armbinde
Hitlerjugend, anfangs freiwillig,
ab 1936 mussten sie. Das Deutsche Jungvolk war hierarchisch
organisiert wie beim Militär. Die Führer der Gruppen hießen:
Jungzugführer, **Fähnleinführer** etc.
Der Jungvolkgruß war: »**Sieg Heil!**«
Das Zeichen des Jungvolks, die **Sieg-Rune**, war der Buchstabe S
des Runenalphabets (ᛋ). Runen waren die Buchstaben der alten
Germanen.
Das **Schächten** wurde oft falsch dargestellt. Der Grund für das
Schächten ist nicht, dass man das Tier quälen will, sondern dass
im Judentum das Fleisch durch das Ausbluten »koscher«, also rein,
und ohne das Blut haltbarer wird.

86

Text 9 *Seite 28*

Ein Vorurteil gegenüber Juden war, dass sie alle reich sind und Banken und **Kaufhäuser** besitzen.

Text 12 *Seite 35*

Der Stürmer, ab 1921 mit dem Untertitel »Deutsches Wochenblatt zum Kampfe um die Wahrheit«, war eine Wochenzeitung der Nationalsozialisten und gegen Juden.

Text 13 *Seite 38*

Die **Fahrt**, also mit der Jungvolk-Gruppe zum Zelten zu fahren, war eine der Pflichten, wenn man die Pimpfenprobe bestehen wollte. Erst wenn ein Pimpf alle Mutproben (das Aufsagen von Nazi-Liedern etc.) geschafft hatte, durfte er Uniform tragen.

Text 14 *Seite 40*

Die jüdische Gesetzesreligion: Im Leben der Juden gibt es viele Gebote und Gesetze. Die **Thora** enthält 613 Gebote. Der **Talmud** (5. Jh. v. Chr. bis 6. Jh. n. Chr.) versucht die Gesetze verständlich zu machen. Der »Schulchan Aruch« (= gedeckter Tisch) aus dem 16. Jh. fasst die wichtigsten Gebote, Gesetze und Anleitungen für das richtige religiöse Verhalten zusammen. Er gilt bis heute.

Text 18 *Seiten 50 bis 53*

Das beschriebene **Fest** heißt **Bar Mizwah** / »Sohn des Gebotes«. Mit dreizehn Jahren wird ein Junge Teil der jüdischen Gemeinde. Die Feier findet in der **Synagoge**, dem jüdischen Gotteshaus, statt. Der **Rabbi** (deutsch Rabbiner) ist in der Synagoge der Gelehrte, der »Meister«. Er steht nicht zwischen Gott und Mensch wie in der christlichen Kirche, sondern lehrt und interpretiert religiöse Gesetze. Der Rabbi hält den Gottesdienst nicht alleine ab, er ruft mehrere Männer auf, die dann die Aufgabe übernehmen, einen **Thora-Abschnitt** zu **lesen**. Frauen sitzen in der Synagoge von den Männern getrennt und haben nur wenige religiöse Pflichten. **Hundertzwanzig Lebensjahre** wünscht man, weil Moses so alt wurde.

Text 20 *Seite 56*

»**Pogrom**« kommt aus dem Russischen und heißt: »zerstören«. Es bedeutet: Gewalt gegen eine Gruppe von Menschen, oft weil sie eine andere Religion haben. Antijüdische Pogrome gab es seit Jahrhunderten überall in Europa. Im Text ist die Gewalt gegen Juden in der Reichspogromnacht am 9. November 1938 gemeint.

Text 21 *Seite 61*

Sünden bekennt man in der Stunde des Todes. Man erzählt jemandem von seinen »Fehlern« im Leben, bzw. von Momenten, in denen man nicht nach den (religiösen) Gesetzen gelebt hat. Jeder kann das für sterbende Personen tun, er / sie muss kein Rabbi sein. Das **Zerreißen eines Kleidungsstückes** heißt »Keriah« und zeigt den Schmerz beim Tod eines Angehörigen.

Text 23 *Seiten 64 und 67*

Der **Film** »**Jud Süß**« stellte Juden negativ dar, um die geplante Judenpolitik wie Verfolgung, Gettos, Arbeits- und Konzentrationslager vorzubereiten.

Konzentrationslager gab es ab 1933 dort, wo die Nazis waren; ca. 1000 insgesamt. Juden, politische Gegner, Homosexuelle, Sinti u. a. wurden verhaftet und in Arbeitslager oder Vernichtungslager gebracht. Nach der Konferenz am Wannsee, am 20. Januar 1942, beschloss die nationalsozialistische Regierung, Juden systematisch in den Konzentrationslagern zu töten. Die Nazis ermordeten über 6 Millionen Juden aus ganz Europa.

Die **Deutsche Wochenschau**, die als Vorprogramm in den Kinos lief, zeigte Nachrichten, bevor es das Fernsehen in Privathaushalten gab. Während der Nazi-Zeit war die Wochenschau ein effektives Propagandamittel.

Text 26 *Seite 74*

Der **Davidstern** besteht aus zwei gleichseitigen Dreiecken. Er gilt seit alten Zeiten als das Symbol des Judentums. Hier sieht man das Abzeichen, das Juden ab September 1941 tragen mussten.

Text 27 *Seite 76*

Das **Schiwe-Sitzen: Sieben Tage** und Nächte sitzt man auf der Erde, wenn man einen Angehörigen verliert.

Text 30 *Seite 81*

Diese sogenannten »**Weihnachtsbäume**« grenzten den Zielraum für die angreifenden Bomber ab.

Zeittafel

30.01.1933	Adolf Hitler wird Reichskanzler.
24.03.1933	Der Reichstag erlaubt Hitler, über Gesetze zu entscheiden (Ermächtigungsgesetz).
01.04.1933	Nazis boykottieren, z. B. mit Schildern, jüdische Geschäfte, Arztpraxen, Banken.
07.04.1933	Jüdische Beamte müssen in den Ruhestand gehen (außer Kriegsteilnehmer des Ersten Weltkriegs).
21.04.1933	Das Schächten von Tieren wird verboten.
25.04.1933	Nichtarier / Juden werden an Schulen und Hochschulen nur begrenzt aufgenommen.
16.06.1933	Im Deutschen Reich leben rund 500 000 Juden.
14.07.1933	»Unerwünschten« Menschen kann man die deutsche Staatsangehörigkeit nehmen.
02.08.1934	Hitler macht sich als Führer und Reichskanzler zum Reichspräsidenten – zum Staatsoberhaupt.
06.09.1935	Kein Verkauf jüdischer Zeitungen im Straßenhandel
15.09.1935	Nur Staatsangehörige deutschen oder artverwandten Blutes können »Reichsbürger« werden. Juden dürfen deutsche Staatsangehörige nicht heiraten; und dürfen deutsche Hausangestellte unter 45 Jahren nicht beschäftigen (Nürnberger Gesetze).
30.09.1935	Alle jüdischen Beamten werden beurlaubt.
07.03.1936	Juden besitzen kein Reichstagswahlrecht.
01.08.1936	Eröffnung der Olympischen Spiele in Berlin
16.11.1937	Juden erhalten nur in besonderen Fällen Auslandspässe.
26.04.1938	Juden müssen angeben, was und wie viel sie besitzen (Geld und alles mit finanziellem Wert).
06.07.1938	Bestimmte Berufe sind für Juden verboten.
27.07.1938	Alle »jüdischen« Straßennamen werden entfernt.
30.09.1938	Jüdische Ärzte sind nur noch »Krankenbehandler«.
05.10.1938	In jüdischen Reisepässen muss ein »J« stehen.

28.10.1938	15 000 »staatenlose« Juden werden nach Polen geschickt.
10.11.1938	Pogrom (»Reichskristallnacht« vom 9./10.11.) Siehe auch Erklärung Text 20, Seite 88.
12.11.1938	Alle deutschen Juden zusammen müssen 1 Milliarde Reichsmark bezahlen und alle Schäden des Pogroms auf eigene Kosten sofort entfernen. Sie dürfen keine Geschäfte und Handwerksbetriebe führen, keine kulturellen Veranstaltungen besuchen.
15.11.1938	Jüdische Kinder dürfen nicht mehr auf deutsche Schulen gehen.
28.11.1938	Juden dürfen nicht zu bestimmten Zeiten und in bestimmten Gebieten sein.
03.12.1938	Juden müssen Führerscheine und Papiere für Kraftfahrzeuge abgeben. Sie müssen ihre Betriebe verkaufen und Wertvolles, z. B. Schmuck, abgeben.
08.12.1938	Juden dürfen keine Universitäten besuchen.
01.01.1939	Juden müssen eine Kennkarte (Ausweis) mit sich führen. Sie dürfen nur noch jüdische Vornamen haben. Bei deutschen Namen müssen sie zusätzlich den Namen »Israel« bzw. »Sara« annehmen.
30.04.1939	Der Mieterschutz für Juden wird begrenzt.
17.05.1939	Im Deutschen Reich leben rund 215 000 Juden.
01.09.1939	Beginn des Zweiten Weltkriegs; Invasion deutscher Truppen in Polen Juden dürfen im Sommer nach 21 Uhr, im Winter nach 20 Uhr ihre Wohnung nicht mehr verlassen.
23.09.1939	Juden müssen ihre Radios bei der Polizei abgeben.
19.10.1939	Juden müssen 1,25 Milliarden Reichsmark an das Deutsche Reich bezahlen.
12.02.1940	Erste Deportation deutscher Juden; sie werden gefangen genommen und in Konzentrations- und Arbeitslager gebracht.
29.07.1940	Juden dürfen kein Telefon besitzen.

12.06.1941	Juden dürfen sich nur noch »glaubenslos« nennen.
31.07.1941	Beginn der sogenannten »Endlösung der Judenfrage«, der gezielten Ermordung der Juden
01.09.1941	Juden müssen einen Judenstern tragen. Sie dürfen ihr Wohngebiet nur verlassen, wenn die Polizei es genehmigt.
14.10.1941	Beginn der allgemeinen Deportationen aus Deutschland
26.12.1941	Juden dürfen öffentliche Telefone nicht benutzen.
01.01.1942	Im Deutschen Reich leben rund 130 000 Juden.
10.01.1942	Juden müssen alle Woll- und Pelzsachen abgeben.
20.01.1942	»Wannsee-Konferenz«: Die nationalsozialistische Regierung beschließt, die gesamte jüdische Bevölkerung Europas zu töten.
17.02.1942	Juden dürfen keine Zeitungen bestellen.
26.03.1942	Neben dem Namensschild jüdischer Wohnungen muss ein Judenstern zu sehen sein.
24.04.1942	Juden dürfen keine öffentlichen Verkehrsmittel benutzen.
15.05.1942	Juden dürfen keine Haustiere halten.
29.05.1942	Juden dürfen nicht zum Friseur gehen.
06.09.1942	Juden müssen alle extra Kleidungsstücke abgeben.
11.06.1942	Juden erhalten keine Raucherkarten.
19.06.1942	Juden müssen alle elektrischen und optischen Geräte, Schreibmaschinen und Fahrräder abliefern.
20.06.1942	Alle jüdischen Schulen werden geschlossen.
18.09.1942	Juden erhalten weder Fleisch, Eier noch Milch.
04.10.1942	Alle Juden aus deutschen Konzentrationslagern werden nach Auschwitz gebracht.
01.09.1944	Im Deutschen Reich leben noch rund 15 000 Juden.
08.05.1945	Ende des Zweiten Weltkriegs und Deutschen Reiches.

Präteritumformen

A	H	schob, schieben
aß, essen	half, helfen	schoss, schießen
	hielt, halten	schrie, schreien
B	hieß, heißen	schrieb, schreiben
band, binden	hing, hängen	sprach, sprechen
bat, bitten	hob, heben	sprang, springen
befahl, befehlen		stahl, stehlen
begann, beginnen	**K**	stand, stehen
begrub, begraben	kam, kommen	stank, stinken
biss, beißen	kannte, kennen	starb, sterben
blieb, bleiben	klang, klingen	stieg, steigen
blies, blasen	kroch, kriechen	strich, streichen
bot, bieten		
brach, brechen	**L**	**T**
brachte, bringen	lag, liegen	tat, tun
brannte, brennen	las, lesen	trat, treten
	lief, laufen	trank, trinken
D	ließ, lassen	trug, tragen
dachte, denken		
	N	V
E	nahm, nehmen	verschwand,
empfing, empfangen	nannte, nennen	verschwinden
enthielt, enthalten		
erschrak, erschrecken	**P**	**W**
erstach, erstechen	pfiff, pfeifen	warf, werfen
F		wurde, werden
fand, finden	**R**	widersprach, wider-
fiel, fallen	rannte, rennen	sprechen
fing, fangen	rief, rufen	wusch, waschen
flog, fliegen	riss, reißen	wusste, wissen
floh, fliehen	ritt, reiten	
floss, fließen	roch, riechen	**Z**
fror, frieren		zog, ziehen
fuhr, fahren	**S**	zwang, zwingen
	sah, sehen	
G	sang, singen	
gab, geben	sank, sinken	
genoss, genießen	saß, sitzen	
geschah, geschehen	schloss, schließen	
ging, gehen	schlug, schlagen	
goss, gießen	schnitt, schneiden	

Übungen zum Leseverstehen

Text 1: Vorgeschichte

Was stimmt (✔), was stimmt nicht (✘)? Kreuze an.

      ✔ ✘

1 Der Erzähler der Geschichte heißt Polykarp. ◯ ◯

2 Der Hausbesitzer sitzt an Feiertagen im Garten neben seinem Gartenzwerg. ◯ ◯

3 Herr Resch hat Angestellte, die für ihn arbeiten. ◯ ◯

4 Herr Resch ist sehr beliebt bei seinen Mietern. ◯ ◯

5 Der Vater des Erzählers ist arbeitslos. ◯ ◯

6 Friedrich ist der Sohn der Familie Schneider. ◯ ◯

7 Friedrich ist eine Woche älter als der Erzähler. ◯ ◯

8 Der Erzähler wohnt ein Stockwerk unter Familie Schneider. ◯ ◯

9 Herr Schneider ist Beamter bei der Bahn. ◯ ◯

Text 2: Reibekuchen

Verbinde die passenden Satzteile.

1 Als Friedrich kommt, stellt sich der Erzähler vor die Tür,

A lässt er ihn hinein.

2 Erst als Friedrich dem Erzähler seine Kuckucksflöte gibt,

B aber dann einigen sie sich.

3 Während Friedrich versucht, einen Turm zu bauen,

C schlägt die Mutter vor, mit ihr Reibekuchen zu machen.

4 Als beide Jungen keine Lust haben weiter zu spielen,

D bis jemand von unten gegen die Decke klopft.

5 Die Jungen streiten sich um den ersten Reibekuchen,

E weil er sein Spielzeug nicht teilen will.

6 Die Jungen spritzen mit Wasser und lachen in der Badewanne,

F sitzt der Erzähler mit der Flöte neben dem Bett.

Text 3: Schnee

1 Was passiert zuerst? Sortiere die Tätigkeiten in der richtigen Reihenfolge.

A | einen Schneemann bauen   B | schlittern

C | Schnee schaufeln   D | im Schnee tanzen

E | eine Schneeballschlacht machen

F | Schnee mit dem Mund fangen   G | in den Schnee springen

◯ ◯ ◯ ◯ ◯ ◯ ◯

2 Welche Antworten sind richtig?

1. Warum darf der Erzähler noch nicht in den Schnee?

   a Er ist noch nicht angezogen.

   b Seine Mutter will zuerst den Haushalt fertig machen.

   c Seine Mutter will nicht, dass er mit Friedrich spielt.

2. Warum schimpft Herr Resch mit Friedrich?

   a Friedrich hat Herrn Resch beim Mittagsschlaf gestört.

   b Herr Resch will, dass der Schnee unberührt bleibt.

   c Herr Resch hat Angst um seine Rosen.

Text 4: Großvater

In jedem Satz ist ein Fehler. Streiche die falschen Wörter und schreibe die richtigen hinter den Satz.

1 Wenn Großvater zu Besuch kommt, schreibt er jedes Mal vorher einen Brief.   _____

2 Großvater will immer sehen, ob der Erzähler seine Zähne gut geputzt hat.   _____

3 Großvater macht Mutter immer Vorwürfe, sich nicht genug um Arbeit zu bemühen.   _____

4 Als es oben donnert, erklärt Vater, dass über ihnen eine deutsche Familie wohnt.   _____

5 Großvater wünscht sich, dass der Junge viel Kontakt zu dem Judenbuben hat.   _____

6 Mutter fragt Großvater, ob er noch eine Tasse Tee trinken möchte.   _____

Text 5: Freitagabend

Was gehört zum Sabbat? Ordne die Wörter aus der Box zu.

Leuchter mit zwei Kerzen * weiße Tischdecke * Gaslaterne *
Segen sprechen * Brote * Röhrchen * Becher mit Wein * gute Kleidung *
Käppchen * Schürze * Hände waschen * Gebetbuch

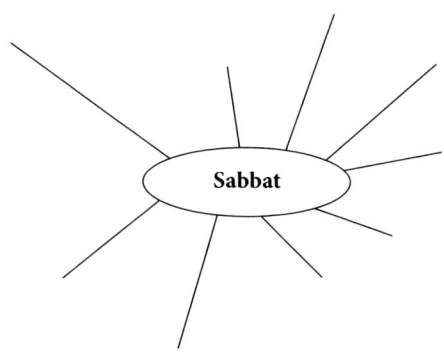

Text 6: Schulanfang

Wer sagt oder tut was? Verbinde.

1 Frau Schneider

2 Herr Schneider

3 Friedrich

4 Der Vater des
   Erzählers

5 Die Mutter des
   Erzählers

6 Friedrich und der
   Erzähler

7 Die vier Erwachsenen

8 Alle

9 Der Erzähler

A gehen auf die Schiffschaukel.

B fahren zusammen auf dem Pferdekarussell.

C sitzen gemeinsam auf dem Holzpferd.

D kauft Zuckerwatte für alle.

E teilt seine Schokolade mit allen.

F darf seine Schultüte nicht sofort öffnen.

G bezahlt den Fotografen.

H leiht ihrem Mann Geld.

I überredet die Eltern des Erzählers auf den
   Rummelplatz zu gehen.

Text 7: Der Schulweg

Was passt? Ergänze die Wörter aus der Box im Text.

> ältere * Schultern * droht * Laden * verbeugt * Schild * einkaufen * ernst

Vor dem Schreibwarengeschäft von Abraham Rosenthal ist ein Mann

mit einem (1) _____, auf dem »Kauft nicht beim Juden!«

steht. Eine (2) _____ Frau kann an dem Mann mit dem

Schild vorbeigehen und im Schreibwarengeschäft (3) _____.

Nachdem sie gegangen ist, kommt Herr Rosenthal aus dem

(4) _____. Er schaut (5) _____ auf die Leute vor

seinem Geschäft. Friedrich grüßt ihn, der Erzähler nickt und der Laden-

besitzer (6) _____ sich. Als die Jungen nicht weggehen,

(7) _____ ihnen der Mann mit dem Schild. Herr Schneider

legt seine Hände auf die (8) _____ der Jungen und bringt sie

nach Hause.

Text 8: Die Schlaufe

Was stimmt (✔), was stimmt nicht (✗)? Kreuze an.

                            ✔   ✗

1 Friedrich möchte gern Pimpf werden, aber sein Vater will das ○ ○
nicht.

2 Der Erzähler nimmt Friedrich mit zum Heimabend in die ○ ○
Burg.

3 Der Erzähler leiht Friedrich ein Halstuch und eine Schlaufe, ○ ○
sodass er aussieht wie alle Jungen.

4 Ein buckliger Mann erklärt den Jungen, wie Juden Tiere ○ ○
schächten.

5 Der Bucklige erzählt das alles, weil Friedrich Jude ist. ○ ○

6 Am Ende will der Bucklige, dass Friedrich den Satz »Die ○ ○
Juden sind unser Unglück« laut wiederholt.

7 Friedrich sagt den Satz »Die Juden sind unser Unglück« laut ○ ○
und wird Pimpf.

Text 9: Der Ball

Was passiert zuerst? Sortiere die Sätze in der richtigen Reihenfolge.

A | Der Polizist kommt.

B | Der Schaukasten geht kaputt.

D | Die Ladenbesitzerin erzählt dem Polizisten ihre Version der Geschichte.

C | Herr Schneider rettet die Situation.

E | Die Ladenbesitzerin beschimpft Friedrich als Juden und Dieb.

F | Die beiden Jungen spielen auf dem Gehsteig mit einem Ball.

H | Der Erzähler sagt der Frau, dass es seine Schuld ist.

G | Der Erzähler will dem Polizisten die Wahrheit erzählen.

Text 10: Treppengespräch

Wer sagt was zu wem? Verbinde die passenden Dialogteile und ordne die Sprecher zu.

Herr Resch 4 x * Herr Schneider 3 x * Vater des Erzählers 1 x

1 _____:
»Sie sollen diesen Herrn nicht unterstützen.«

A _____:
»Aber das ist doch nicht ihr Ernst.«

2 _____:
»Darf ich Sie in meine Wohnung bitten.«

B _____:
»Weil Sie Jude sind.«

3 _____:
»Und warum kündigen Sie uns?«

C _____:
»Da müssen Sie auf mich als Zeuge verzichten.«

4 _____:
»Ich kündige Ihnen.«

D _____:
»Ich betrete Ihre Wohnung nicht mehr.«

Text 11: Herr Schneider

Welche Antworten sind richtig? Mehrere stimmen.

1. **Was ist mit Herrn Schneider, als er nach Hause kommt?**

   a Er ist betrunken und schwankt.

   b Er kommt zu spät nach Hause.

   c Er lässt sich von Friedrich führen.

   d Er weint.

2. **Was erfahren wir von Frau Schneider über Herrn Schneider?**

   a Herr Schneider ist Beamter.

   b Herr Schneider ist neununddreißig Jahre alt.

   c Man hat Herrn Schneider gezwungen in Pension zu gehen.

   d Herr Schneider wurde entlassen, weil er etwas gestohlen hatte.

Text 12: Die Verhandlung

Welches Nomen aus dem Gebiet »Recht« passt? Ergänze den Text mit den Wörter aus der Box.

> Vorsitzende * Kläger * Räumung * Beklagte * Rechtsanwalt *
> Belästigung * Klage * Gericht

Herr Schneider muss zu einer Verhandlung zum (1) _____

gehen. Er ist der (2) _____, Herr Resch ist der (3)

_____ . Herr Resch verlangt die (4) _____ der

Wohnung, weil es für ihn eine (5) _____ ist, dass Herr Schneider

als Jude in seinem Haus wohnt. Herrn Reschs (6)_____

begründet dies. Aber der (7) _____ sieht das anders, denn Herr

Resch hat immer schon gewusst, dass Familie Schneider Juden sind. So muss

Herr Resch die (8) _____ zurücknehmen.

Text 13: Im Kaufhaus

Was sieht der Erzähler im Kaufhaus? Verbinde die Wortteile.

1	Eisen	A	räder
2	Roll	B	klötze
3	Fahr	C	leuchter
4	Spiel	D	pferde
5	Kristall	E	treppen
6	Schaukel	F	bahnen
7	Holz	G	waren

Text 14: Der Lehrer

Verbinde die passenden Satzteile.

1 Lehrer Neudorf bittet seine Schüler zu bleiben,

2 Die Römer herrschten vor 2000 Jahren in Palästina,

3 Die Juden mussten aus Palästina fliehen,

4 Als die Kreuzritter im Heiligen Land gegen die Ungläubigen kämpften,

5 Im 19. Jahrhundert mussten Juden in Polen und Russland in Gettos leben,

6 Lehrer Neudorf erzählt das alles,

A und lebten überall auf der Welt.

B wurden auch die Juden im eigenen Land verfolgt.

C und durften keine Handwerker werden und keine Häuser besitzen.

D weil Friedrich die Schule verlassen und auf eine jüdische Schule gehen muss.

E aber die Juden kämpften gegen sie.

F weil er ihnen etwas erzählen möchte.

Text 15: Die Reinemachefrau

In jedem Satz ist ein Fehler. Streiche die falschen Wörter und schreibe die richtigen hinter den Satz.

1 Zweimal in der Woche hilft Frau Penk Familie Schneider bei der Büroarbeit. _____

2 Am liebsten geht Frau Penk zu Familien mit Haustieren. _____

3 Frau Penk sagt zu Frau Schneider, dass sie nicht gern bei ihr gearbeitet hat. _____

4 Nicht jüdische Frauen, die jünger als fünfundzwanzig sind, dürfen nicht mehr bei Juden im Haus arbeiten. _____

5 Frau Penk hat gesehen, dass eine alte Frau mit einem Schild um den Hals durch die Stadt geführt wurde. _____

6 Herr Penk war früher Nazi und muss deshalb vorsichtig sein. _____

Text 16: Gründe

Was passt? Ordne die Gründe den passenden Fragen zu.

A | Es wird in Zukunft noch schlimmer für Juden in Deutschland.

B | So schlimm wie im Mittelalter wird es im 20. Jahrhundert nicht.

C | Man hat ihm eine gute Stelle angeboten.

D | Es ist besser zu dulden, statt zu fliehen.

E | Die ganze Familie und die Verwandten sind Deutsche.

F | Man macht den Juden das Leben schwer.

G | Er war lange arbeitslos.

H E| r denkt, die Menschen sind vernünftiger geworden.

I | Auch im Ausland wird man Juden nicht mögen.

J | Er kann jetzt eine Urlaubsreise machen.

1 Warum ist der Vater des Erzählers in der Partei? ○○○

2 Warum sollte Familie Schneider Deutschland verlassen? ○○

3 Warum will Herr Schneider in Deutschland bleiben? ○○○○○

Text 17: Im Schwimmbad

Wer macht oder sagt was? Verbinde.

1 Friedrich	A verbietet Friedrich, sich in der Kabine anzuziehen.
2 Der Erzähler	B sagt, dass die Polizei Friedrich nicht glauben wird.
3 Der Mann mit dem silbernen Rad	C kommt schnell, als der Bademeister pfeift.
4 Der Bademeister	D sucht sein Armband mit der Nummer.
5 Die Bademeisterin	E muss bremsen und schimpft laut.
6 Der große Junge	F schließt die Räder schon mal los.

Text 18: Das Fest

Was stimmt (✔), was stimmt nicht (✗)? Kreuze an.

	✔	✗
1 Das Fest findet in der Synagoge statt.	◯	◯
2 Herr und Frau Schneider sitzen in der Synagoge mit Friedrich auf einer Bank.	◯	◯
3 Friedrich trägt ein Gebetskäppchen und einen langen schwarzen Mantel.	◯	◯
4 Der Rabbiner geht mehrere Male mit der Thora durch den Raum.	◯	◯
5 Friedrich darf zum ersten Mal allein einen Abschnitt aus der Thora vorsingen.	◯	◯
6 Zu Hause bei Schneiders gibt es ein Festessen und Friedrich hält eine Rede.	◯	◯
7 Lehrer Neudorf kommt zu Besuch und schenkt Friedrich eine Uhr.	◯	◯

Text 19: Begegnung
Was passt? Ergänze die Wörter aus der Box im Text.

> Ranzen * erschöpft * verletzt * singen * widerspricht * Haltung * zeigen *
> Stadt * jüdischen * Ziegelsteine * marschieren * streng

Sportlehrer Schuster ist sehr (1) _____ . Er lässt die Schüler

vor allem (2) _____. Einmal packt er den Schülern auf

einem Gewaltmarsch (3) _____ in ihre Taschen und

(4) _____. Niemand (5) _____, auch nicht Karl,

der sich in der letzten Turnstunde den Fuß (6) _____ hat.

Die Schüler müssen ein Lied (7) _____ und um die halbe

(8)_____ marschieren. Alle sind (9)_____,

aber als sie die Schüler der (10) _____ Schule sehen,

erwartet der Lehrer von ihnen (11) _____. Sie sollen

(12) _____, was deutsche Jungens sind.

Text 20: Der Pogrom
Was passiert zuerst? Sortiere die Zwischenüberschriften in der richtigen Reihenfolge.

A | Zu Hause bei Mutter

B | Beim Schreibwarengeschäft

C | Zerstörung des jüdischen Lehrlingshauses

D | Vor der Arztpraxis

E | Zerstörung und Leiden bei Familie Schneider

F | Vor dem jüdischen Lehrlingshaus

G | Eine Gruppe von fünf Männern und drei Frauen

Text 21: Der Tod

Verbinde die passenden Satzteile.

1 Herr Schneider klopft nachts bei der Familie des Erzählers,

2 Herr Schneider erzählt,

3 Herr Schneider und ein Arzt klopfen noch einmal,

4 Der Erzähler und seine Mutter

5 In der Wohnung von Schneiders ist fast alles kaputt

6 Frau Schneider ist zu schwach,

7 Frau Schneider soll ihre Sünden bekennen,

8 Als Frau Schneider tot ist,

A bringen eine Heizung und den Topf mit der Spritze hoch.

B und Frau Schneider liegt in der Mitte nur auf Decken.

C weil er eine Lampe braucht.

D zerreißen Herr Schneider und Friedrich ihre Hemden.

E bevor sie stirbt.

F dass es seiner Frau sehr schlecht geht.

G weil der Arzt seine Spritze auskochen muss.

H als dass man sie nach unten bringen könnte.

Text 22: Lampen

Welche Adjektive passen? Mehrfachnennungen sind möglich.

> verzweifelt * glänzend * schmutzig * freundlich * kalt *
> müde * leer * misstrauisch * zerbrochen

1 Herr Schneider: _____

2 Friedrich: _____

3 Friedrichs Hände: _____

4 die Lampen: _____

5 die Küche: _____

Text 23: Der Film

Ergänze die Modalverben in der richtigen Form.

> dürfen * können * möchten / wollen * mögen * müssen

Der Erzähler (1) _____ sich mit Friedrich nur noch dort

treffen, wo sie niemand sieht. In der Hitlerjugend (2) _____

man es nicht, wenn man sich mit Juden trifft. Die beiden Jungen

(3) _____ den Film »Jud Süß« sehen. Aber es gibt ein

Problem: Juden (4) _____ nicht ins Kino gehen. Alle Jugendlichen

(5) _____ ihren Ausweis zeigen. Friedrich ist zwar 15 Jahre alt,

aber er (6) _____ das Kino verlassen. Die Platzanweiserin (7)

_____ nicht verstehen, warum Friedrich mit dem Judenausweis

ins Kino gegangen ist, obwohl es so gefährlich ist.

Text 24: Bänke

Sortiere die Sätze in der richtigen Reihenfolge.

A Das Netz geht kaputt und die Äpfel rollen auf die Straße.

B Friedrich soll Nudeln bei einem Bekannten holen.

C Friedrich und Helga treffen sich im Park.

D Am Ende beschließt Friedrich, Helga nicht wieder zu sehen, um sie zu schützen.

E Auf der grünen Bank wird Friedrich unruhig und Helga merkt das.

F Bei dem Spaziergang durch den Park möchte sich Helga auf eine Bank setzen.

G Deshalb setzt sich Helga auf eine gelbe Bank für Juden. Das findet Friedrich zu gefährlich für sie und bringt sie nach Hause.

H Friedrich hilft dem Mädchen, das kaputte Netz mit den Äpfeln nach Hause zu tragen.

I Friedrich steht jeden Abend vor dem Kindergarten und wartet auf das Mädchen, das Helga heißt.

J Unterwegs läuft er hinter einem Mädchen her, das ein Netz mit Äpfeln trägt.

Text 25: Der Rabbi
Wer war's? Ergänze die Personen.

> Herr Schneider * Friedrich * (den) Schneiders *
> die Mutter des Erzählers * der Erzähler * der Rabbi

(1) _____ soll (2) _____ Kartoffeln bringen. Er klin-

gelt. Niemand öffnet, aber (3) _____ hört oben Schritte.

Endlich öffnet (4) _____ die Tür, ist aber sehr unfreundlich.

(5) _____ sagt seinem Vater, er soll lieber dankbar sein, dass

(6) _____ Kartoffeln gebracht hat. (7) _____ und

_____ streiten sich. Der Grund: (8) _____ hat sich

bei (9) _____ versteckt und (10) _____ hat

Angst. (11) _____ will gehen, weil (12) _____

ihn gesehen hat. (13) _____ soll entscheiden, ob

(14) _____ bleiben darf.

Text 26: Sterne
Der Judenstern. Welche Beschreibung stimmt?

1 Der Judenstern hatte die Form
eines
  a Davidsterns.
  b Weihnachtssterns.

2 Er war so groß wie
  a eine Hand.
  b die Innenfläche einer Hand.

3 Die Farbe des Judensterns war
  a gelb.
  b schwarz.

4 Die Farbe des Rands war
  a gelb.
  b schwarz.

5 Man musste den Stern
  a festkleben.
  b annähen.

6 Er musste auf der _____
Seite der Kleidung sein.
  a rechten
  b linken

Text 27: Salomon
Wer tut was? Verbinde.

1 Die Berater des Königs	**A** fliehen nicht, sondern verkaufen, was sie besitzen.
2 Der König	**B** sitzt sieben Tage schweigend am Grab seiner toten Eltern.
3 Die Krieger	**C** zeigt das ganze Haus, aber nicht das Versteck.
4 Schloime und Gittel	**D** sagen, dass die Krieger zu wenig Beute gemacht haben.
5 Schloime	**E** will ein Drittel der Beute haben.
6 Salomon	**F** steigen nicht über die Toten.

Text 28: Besuch
Welche Antworten sind richtig? Mehrere Antworten sind möglich.

1 Wie viele Männer wollen Herrn Schneider und den Rabbi holen?

  a zwei

  b drei

  c vier

2 Wie kommen die Männer in die Wohnung hinein?

  a Herr Schneider öffnet die Tür.

  b Herr Resch öffnet die Tür.

  c Die Männer schlagen die Tür ein.

3 Wie wird Herr Schneider die Treppe hinunter geführt?

  a Herr Schneider trägt Handschellen.

  b Der Polizist schlägt ihn.

  c Der Polizist dreht Herrn Schneiders Arm nach hinten.

4 Was sagen die Polizisten zu der Familie des Erzählers?

  a Einer fehlt.

  b Diese Mieter stören nicht mehr.

  c Verschwinden Sie!

Text 29: Fledderer

Was stimmt (✔), was stimmt nicht (✘)? Kreuze an.

✔ ✘

1 Die Wohnungstür bei Schneiders ist offen, der Erzähler geht hinein. ◯◯

2 Friedrich steht breitbeinig vor der Tür. ◯◯

3 Herr Resch steht mitten im Zimmer mit einer Hand in der Matratze. ◯◯

4 Am Boden liegt die Einkaufstasche von Frau Schneider. ◯◯

5 In der Tasche sind Herrn Schneiders Bücher und zwei Lampen. ◯◯

6 Herr Resch will den Sabbatleuchter fassen, aber er schafft es auch beim zweiten Mal nicht. ◯◯

7 Herr Resch brüllt durchs ganze Haus »Überfall«, deshalb verlässt Friedrich schnell die Wohnung. ◯◯

Text 30: Das Bild

Was macht Friedrich? Sortiere die Tätigkeiten in der richtigen Reihenfolge.

A | Brote verschlingen

B | baden

C | an die Tür klopfen

D | in der Wohnung bleiben

E | nach dem Bild von Vater und Mutter auf dem langen Pferd fragen

F | über seine Situation im Versteck reden

G | durcheinander sein, als die Sirenen heulen

H | sich weigern, den Mantel auszuziehen

◯ ◯ ◯ ◯ ◯ ◯ ◯

● Text 31: Im Keller

Wer sagt was zu wem? Ordne die Sprecher den Dialogteilen zu. Beachte die Dativ-Deklination.

> Herr Resch * der Feldwebel * Friedrich * der Vater des Erzählers *
> die Mutter des Erzählers * der Erzähler

1 »Es wird aber Zeit.«

2 »Na, im Urlaub?«

3 »Machen Sie doch auf.«

4 »Ich habe Angst, Angst, Angst.«

5 »Sind Sie verrückt geworden?«

6 »Das ist ein Jude.«

7 »Wer ist hier Luftschutzwart, Sie oder ich?«

8 »Geh Junge, sonst gibt es nur Ärger.«

9 »Du bringst uns alle ins Unglück.«

sagt …   **zu …**

1 _____   _____

                                         _____

                                         _____

2 _____   _____

3 _____   _____

4 _____   _____

5 _____   _____

6 _____   _____

7 _____   _____

8 _____   _____

9 _____   _____

Text 32: Ende

Welche Antworten sind richtig?

1 **Was sieht der Erzähler, als er aus dem Luftschutzkeller kommt?**

   a Polykarp ohne Zipfelmütze

   b das eigene Haus in Trümmern

   c Friedrich, der im Hauseingang sitzt.

2 **Wer hat Mitgefühl mit Friedrich?**

   a Herr Resch

   b Die Mutter des Erzählers

   c der Erzähler

3 **Wie viele Tote gibt es im letzten Text?**

   a eine Person

   b zwei Personen

   c drei Personen

Lösungen

Text 1: stimmt: 2, 3, 5, 6, 8; stimmt nicht: 1, 4, 7, 9

Text 2: 1E, 2A, 3F, 4C, 5B, 6D

Text 3: 1: C, G, F, D, B, E, A; 2: 1b, 2c

Text 4: 1 ~~einen Brief~~, eine Postkarte; 2 ~~Zähne~~, Schuhe; 3 ~~Mutter~~, Vater; 4 ~~deutsche~~, jüdische; 5 ~~viel~~, keinen; 6 ~~Tee~~, Kaffee

Text 5: Leuchter mit zwei Kerzen, weiße Tischdecke, Segen sprechen, Brote, Becher mit Wein, gute Kleidung, Käppchen, Hände waschen, Gebetbuch

Text 6: 1D, 2I, 3E, 4G, 5H, 6B, 7A, 8C, 9F

Text 7: 1 Schild, 2 ältere, 3 einkaufen, 4 Laden, 5 ernst, 6 verbeugt, 7 droht, 8 Schultern

Text 8: stimmt: 1, 2, 4, 6; stimmt nicht: 3, 5, 7

Text 9: F, B, E, H, A, D, G, C

Text 10: 1 Herr Resch + C Vater des Erzählers, 2 Herr Schneider + D Herr Resch, 3 Herr Schneider + B Herr Resch, 4 Herr Resch + A Herr Schneider

Text 11: 1c,d; 2a,c

Text 12: 1 Gericht, 2 Beklagte, 3 Kläger, 4 Räumung, 5 Belästigung, 6 Rechtsanwalt, 7 Vorsitzende, 8 Klage

Text 13: 1 Eisenbahnen, 2 Rolltreppen, 3 Fahrräder, 4 Spielwaren, 5 Kristallleuchter, 6 Schaukelpferd, 7 Holzklötze

Text 14: 1F, 2E, 3A, 4B, 5C, 6D

Text 15: 1 ~~Büroarbeit~~, Hausarbeit; 2 ~~Haustieren~~, Kindern; 3 ~~nicht~~,--; 4 ~~fünfundzwanzig~~, fünfundvierzig; 5 ~~alte~~, junge; 6 ~~Nazi~~, Kommunist

Text 16: 1 Partei: C, G, J; 2 Deutschland verlassen: A, F; 3 in Deutschland bleiben: B, D, E, H, I

Text 17: 1D, 2F, 3E, 4A, 5C, 6B

Text 18: stimmt: 1, 4, 5, 6; stimmt nicht: 2, 3, 7

Text 19: 1 streng, 2 marschieren, 3 Ziegelsteine, 4 Ranzen, 5 widerspricht, 6 verletzt, 7 singen, 8 Stadt, 9 erschöpft, 10 jüdischen, 11 Haltung, 12 zeigen

Text 20: D, B, G, F, C, A, E,

Text 21: 1C, 2F, 3G, 4A, 5B, 6H, 7E, 8D

Text 22: 1 müde, misstrauisch; 2 verzweifelt; 3 schmutzig; 4 glänzend, schmutzig, zerbrochen; 5 kalt, leer

Text 23: 1 will / möchte, kann; 2 mag; 3 wollen / möchten; 4 dürfen; 5 müssen; 6 muss; 7 kann

Text 24: B, J, A, H, I, C, F, E, G, D

Text 25: 1 der Erzähler; 2 (den) Schneiders; 3 die Mutter des Erzählers, 4 Herr Schneider; 5 Friedrich; 6 der Erzähler; 7 Herr Schneider und Friedrich; 8 der Rabbi; 9 (den) Schneiders; 10 Herr Schneider; 11 der Rabbi; 12 der Erzähler; 13 der Erzähler; 14 der Rabbi

Text 26: 1a, 2b, 3a, 4b, 5b, 6b

Text 27: 1D, 2E, 3F, 4A, 5C, 6B

Text 28: 1c; 2b; 3a,b; 4c

Text 29: stimmt: 1, 2, 5, 7; stimmt nicht: 3, 4, 6

Text 30: C, H, F, A, E, B, G, D

Text 31: 1 Herr Resch zum Vater, zu der Mutter und zum Erzähler, 2 Herr Resch zum Feldwebel, 3 der Feldwebel zu Herrn Resch, 4 Friedrich zu Herrn Resch, 5 der Feldwebel zu Herrn Resch, 6 Herr Resch zum Feldwebel, 7 Herr Resch zum Feldwebel, 8 der Feldwebel zu Friedrich, 9 der Vater des Erzählers zur Mutter des Erzählers

Text 32: 1a,c; 2b,c; 3b